TÚ VALES MÁS
DE LO QUE PIENSAS

Grupo ROBIN
BOOK

Barcelona - México
Buenos Aires

Doctor Matthew McKay
Patrick Fanning
Carol Honeychurch
Catharine Sutker

TÚ VALES MÁS
DE LO QUE PIENSAS

Ejercicios sencillos para enfrentarte a tu crítico interior
y ensalzar tus puntos fuertes

Traducción de Laura Manero

autoayuda

ROBIN
BOOK

Si usted desea que le mantengamos informado de
nuestras publicaciones, sólo tiene que remitirnos su
nombre y dirección, indicando qué temas le interesan,
y gustosamente complaceremos su petición.

Ediciones Robinbook
información bibliográfica
Industria, 11 (Pol. Ind. Buvisa)
08329 Teià (Barcelona)
e-mail: info@robinbook.com
www.robinbook.com

Título original: *The Self-Esteem Companion.*
© Matthew McKay, Patrick Fanning, Carole Honeychurch, and
Catharine Sutker. New Harbinger Publications, Inc. 5674 Shattuck Avenue,
Oaklland, CA 94609
© Ediciones Robinbook, s. l., Barcelona

Diseño de cubierta: Regina Richling
Imagen de cubierta: iStockphoto© Matthew Rambo
Ilustraciones de interior: Cynthia Warren
ISBN: 978-84-9917-087-9
Depósito legal: B-40.637-2010
Impreso por Limpergraf, Mogoda, 29-31 (Can Salvatella), 08210 Barberà del Vallès.

Impreso en España - *Printed in Spain*

Nota del editor

Esta publicación ha sido pensada para aportar información precisa y fidedigna en relación con el tema que trata. Se pone a la venta bajo el supuesto de que el editor no está obligado a ofrecer servicios profesionales de tipo psicológico, financiero, legal, ni de cualquier otro tipo. En caso de que sea preciso solicitar consejo o asistencia de un experto, se buscarán los servicios de un profesional competente.

Para Dana Landis —M. M.

Para el grupo de hombres del lunes por la noche —P. F.

Para Piki y Prudence —C. H.

Para mi familia —C. S.

Introducción

Pero, ¿qué es la autoestima?

¿Has visto alguna vez una de esas camisetas en las que se lee «La vida es una playa»? Es una imagen muy buena que te ayudará a comprender qué es la autoestima.

Si tienes una autoestima alta, te sitúas en una buena zona de la playa de la vida, a salvo de las olas, donde hay mucho espacio libre para extender la toalla y el resto de tus cosas sobre una arena seca. Te encuentras lo suficientemente cerca del chiringuito, de los servicios y de la red de voleibol. El sol te calienta y estás relajado. Puedes pasear un poco, hablar con las demás personas, comerte un cucurucho de helado, coquetear, acercarte hasta el agua para darte un baño, pasártelo bien.

Si tienes una baja autoestima, te encuentras un mal sitio de la playa de la vida, demasiado cerca del agua, donde hay mucha humedad, hace frío y sopla el viento. No extiendes demasiado tus cosas sobre la arena porque las grandes olas pueden llegar hasta donde estás y tragárselo todo. Ves cómo todos se lo están pasando bien, pero tú te sientes aislado, estás resentido con los que han conseguido mejores sitios y eres incapaz de moverte.

Tal vez intentes mejorar tu situación construyendo muros de arena a tu alrededor, pero ese tipo de defensas sólo consiguen aislarte aún más. Por más altas y perfectas que hayas conseguido levantar las paredes de arena, sabes que las olas terminarán por tirarlas abajo. A lo mejor te tomas unas cuantas cervezas, presumes un poco de tu valentía, bromeas acerca de la difícil situación en que te encuentras, o quizá te enfades o inventes alguna excusa, pero nada consigue hacerte olvidar el hecho de que la marea está subiendo.

Si no te gusta el lugar que ocupas en la playa de la autoestima, puedes empezar a mejorar tu situación contestando a este pequeño cuestionario. Te ayudará a darte cuenta de qué funciones desarrolla la autoestima en tu vida. Lee las siguientes afirmaciones y comprueba cuáles se pueden aplicar a tu persona:

1. Prefiero quedarme en casa a ir a una fiesta.
2. A veces abuso un poco del alcohol, las drogas, el tabaco o la comida.
3. Visto de forma conservadora para no llamar la atención.
4. Considero importante justificar mis acciones delante de los demás.
5. Pienso mucho en cómo me perciben los demás.
6. Disfruto de una buena discusión porque sí.
7. Nunca me ofrezco voluntario ni me arriesgo en el trabajo ni en los estudios.
8. A menudo me enfado con los demás.
9. Me resulta difícil decir que no.
10. Me gusta hablar de mis éxitos.

Las afirmaciones con número impar están pensadas para hacerte recapacitar sobre cómo una baja autoestima hace que

evites a ciertas personas, ciertas situaciones o ciertos senti-
mientos. Las que tienen un número par sugieren formas en
las que te puedes sentir obligado a defenderte contra una baja
autoestima. Estas pautas de comportamiento y pensamiento
pueden cambiar. En este libro se habla de cómo reforzar el
sentimiento de valía personal para que esas viejas defensas
dejen de ser necesarias.

Primera parte

Sentirse mejor rápidamente

En esta sección encontrarás nueve sencillos ejercicios, fáciles de hacer, que te ayudarán a sentirte mejor contigo mismo muy deprisa. Miles de personas han utilizado estas técnicas a lo largo de los años y han demostrado con consistencia lo eficaces que son para reforzar la autoestima. Entre estos secretos íntimos se cuentan el recordar tiempos mejores, reconocer nuestro mérito en las contribuciones que hemos hecho a los demás, utilizar métodos mnemotécnicos para recuperar recuerdos positivos, mantenerse relajado en todo momento, crear imágenes propias para reducir el estrés, descubrir tesoros ocultos de tu vida, consultar con tu guía interior, visualizar tu auténtica valía personal y llegar a dominar una forma simple de sugestión hipnótica.

El ejercicio de los cinco dedos

Algunos días, sobre todo esos en los que te sientes pesimista y deprimido, lo que necesitas es un tónico simple y de actuación rápida. Puedes realizar el ejercicio de los cinco dedos todas las veces que quieras para recordar cómo sentirte bien contigo mismo.

Respira profundamente unas cuantas veces, deja que se extienda por todo tu cuerpo una sensación de relajación, bienestar y calma. Al cerrar los ojos, deja que tus músculos liberen las tensiones. A medida que te relajas, toma conciencia de tu mano dominante.

Este ejercicio se llama «de los cinco dedos», aunque en realidad se trata de la relación que hay entre tus cuatro dedos y el pulgar. Toca el dedo índice con el pulgar. Mientras lo haces, piensa en tu pasado, en algún momento en el que te sentiste realmente amado y cuidado. Quizá sea aquella vez que te dolía mucho el estómago y tu padre estuvo cuidando muy bien de ti. ¿Y por qué no aquella vez en que tus amigos te organizaron una gran fiesta de cumpleaños? Cualquier ocasión servirá, tanto si se trata de un gran acontecimiento como de un pequeño momento.

A continuación, toca el dedo corazón con el pulgar. Piensa en algún momento en que sintieras que habías conseguido un gran éxito. ¿Fue cuando te graduaste en el instituto? ¿Cuándo conseguiste aquel trabajo o aquel ascenso? Quizá fue cuando nacieron tus hijos. Al igual que antes, cualquier ocasión servirá, siempre que te infunda un intenso recuerdo de la sensación de éxito.

Toca el dedo anular con el pulgar y recuerda alguna ocasión en la que hicieras algo importante por otra persona. Tal vez cuando cuidaste de tu vecino enfermo o cuando hiciste de canguro con los hijos de tu hermana. Puede tratarse de cualquier momento de generosidad que fuese importante para ti.

Por último, toca el meñique con el pulgar y busca el recuerdo de haber amado a otra persona. Piensa en tu pasado, en un momento en que sintieras un fuerte amor hacia alguien y aquel sentimiento llenara todo tu corazón.

Practica este ejercicio y utilízalo siempre que necesites recordar urgentemente cómo sentirte bien contigo mismo.

Qué bello es vivir

¿Recuerdas a James Stewart desesperado en el puente? Recuerda también cómo un ángel le mostró una realidad diferente: su ciudad, sus amistades, su familia tal y como habrían sido de no existir él. Así se dio cuenta de que el mundo sería un lugar mucho más oscuro sin él.

A veces se olvida con facilidad lo mucho que influimos de forma positiva en la vida de los demás. Puede que no seas un famoso escritor, ni el director de una empresa, pero tu vida es importante. Tu familia, tus amigos e incluso tus conocidos y compañeros de trabajo están influidos por ti en pequeña o gran medida.

Un elemento clave de la autoestima es saber que ocupas un lugar único en el mundo y que nadie podría llenarlo de la misma forma que tú. Ahora mismo, confecciona una lista con todas las personas en las que has influido de una u otra manera durante tu vida (presente y pasada). Anota desde familiares cercanos hasta alguien a quien ayudaste con las matemáticas en el tercer curso del colegio; desde tu mejor amigo hasta el guardia de seguridad al que saludas en el trabajo. Escribe todos los nombres que te vengan a la cabeza.

Al lado de cada nombre, enumera una o más formas en las que has dado algo positivo a esa persona. No importa si ha sido algo grande o pequeño, ayer mismo o hace más de cuarenta años. Ni siquiera es relevante que ellos lo hayan reconocido o se acuerden de ello. Lo importante es que tú lo recuerdas.

Entre las labores rutinarias, las batallas de todos los días, los fracasos y los momentos de gran dolor, puedes descubrir que tu vida es maravillosa. A veces resulta complicado darse cuenta de ello, pero es cierto. Es una realidad que debes descubrir y que finalmente lograrás valorar.

Anclarse en los buenos tiempos

Enfrentarse al dolor es una técnica. Si sabes de qué forma actúa y cómo hacerle frente, los encuentros con el dolor resul≤tarán menos abrumadores. Cuando sientes dolor, lo único en lo que puedes pensar es en el ahora, cuesta mucho imaginar que volverás a sentirte bien. En esas ocasiones, lo único que querrías hacer es escapar. Cuando te sientas así, te será de gran ayuda recordar que ya has sufrido antes ese sentimiento y que acabará por desaparecer. También existe una técnica que recibe el nombre de *anclaje* y se puede utilizar para combatir sentimientos desagradables.

El anclaje te ayuda a experimentar de nuevo momentos en los que te sentiste seguro y a gusto contigo mismo. Un ancla es un estímulo que evoca sentimientos que proceden de determinados acontecimientos del pasado. Por ejemplo, si piensas en el amor y la protección que te daba tu abuela cada vez que comes galletas caseras recién hechas, entonces para ti las galletas caseras son un ancla. Las galletas funcionan como estímulo, y los sentimientos de amor y seguridad son la respuesta consecuente. Desde luego muchas de tus anclas son involuntarias, pero puedes crear unas cuantas voluntariamente para utilizarlas en provecho propio. Todo lo que tienes que hacer es tocarte en la muñeca para recordar un ancla positiva que hayas creado.

Alex, un artista de 32 años, utiliza esta técnica. Desde que era pequeño, siempre ha expresado su talante artístico en prácticamente todo lo que ha hecho. Su familia se percató de sus inclinaciones artísticas cuando, con 2 años de edad, creó un mural colorista y elaborado que cubría gran parte del caro sofá de piel de su casa. Sus padres sustituyeron el sofá por otro un poco más barato, pero conservaron el sofá de piel y lo pusieron en la habitación de Alex para que recordara siempre su obra más temprana.

Cuando se hizo mayor, Alex se introdujo en el mundo del arte, donde no todos le apoyaron tanto ni se mostraron tan alentadores con su arte como sus padres. Le resultó difícil establecerse como artista profesional; los críticos a veces escribían artículos sobre sus obras que no le eran favorables, algunas inauguraciones en galerías de arte resultaron un fracaso, y cosas por el estilo. Sin embargo, Alex se estableció un ancla personal que podía utilizar siempre que se sentía desalentado o su crítico interior empezaba a atacarle.

Se retiraba a algún lugar tranquilo y realizaba un ejercicio que consistía en tocarse la muñeca y recordar la antigua habitación de cuando era niño. Visualizaba aquel sofá que sus padres dejaron siempre en su dormitorio para que recordase su carácter artístico intrínseco. Recordaba los colores del sofá: los remolinos verdes, las líneas curvas de color naranja y los puntos amarillos. Alex respiraba profundamente y, a medida que iba sintiendo renacer la confianza en sí mismo, su verdadera pasión por el arte invadía todo su cuerpo y le permitía seguir adelante y enfrentarse a los obstáculos que encontraba en el camino.

Detente un momento para intentar realizar este ejercicio, que es sencillo pero muy eficaz:

1. Siéntate en una postura cómoda y en un lugar donde nadie te moleste. Cierra los ojos y relaja todo tu cuerpo, respira profundamente para liberar la tensión de las zonas que notes rígidas.

2. Vuelve atrás en el tiempo. Imagina un momento en el que te sentiste especialmente seguro o en el que obtuviste algún éxito. Toma conciencia de todo lo que había en aquel lugar: las vistas, los sonidos, los sabores, los olores, las sensaciones. Observa qué aspecto tenías y qué aspecto tenían los demás. Escucha la seguridad en tu voz; escucha los elogios que los demás te dedican. Siente la seguridad y la aceptación personal de aquel momento.

3. Cuando las imágenes sean lo bastante claras como para transmitirte esa seguridad, tócate la muñeca izquierda con la mano derecha. Tócala con firmeza y en un punto determinado que puedas recordar con facilidad. Estás anclando tus sentimientos a ese contacto en la muñeca y, más adelante, lo duplicarás con exactitud.

Repite esta misma secuencia con otros cuatro recuerdos o escenas imaginarias que estén relacionados con sentimientos de seguridad y valía personal. Cuando tu imagen mental haya creado un fuerte sentimiento de valía personal, tócate la muñeca exactamente igual que antes.

Una vez te hayas anclado en tus propios buenos tiempos, podrás tocarte la muñeca cada vez que te veas en la necesidad de luchar contra un sentimiento negativo. Las escenas imaginarias o los recuerdos positivos son recursos a los que puedes acudir siempre que lo necesites. Ahora ya puedes combatir imágenes y sentimientos negativos con un contacto que te ancla a algunos bellos momentos de tu vida.

Cuida tu cuerpo

¿Nunca has estado caminando cuando, de repente, te das cuenta de que llevas los hombros en tensión desde quién sabe cuánto tiempo? ¿O que hace horas que no respiras profundamente? ¿O que no has relajado los músculos de la mandíbula desde que la cerraste con rabia esa mañana porque alguien te sacó de tus casillas en el coche? Tu cuerpo te habla siempre y con una voz alta y clara. Te dice cosas como: «Estoy tenso», «No puedo respirar», «Me duele el estómago desde la estresante reunión de esta mañana», o «No me queda energía para enfrentarme a mi horrible trabajo». Por mucho que lo intentes, no lograrás desoír esos mensajes durante mucho tiempo. No podrás evitar sentir el cúmulo de tensiones.

¿Estás relajado en estos momentos? ¿Sientes tensión en alguna parte del cuerpo? Por desgracia, si eres como la mayoría de la gente, seguro que estás más al tanto de cuánto dinero tienes en la cuenta corriente o de si a tu coche le toca un cambio de aceite que de las necesidades de tu propio cuerpo. Bueno, ya va siendo hora de cambiar las cosas, ha llegado el momento de que lo escuches.

Tu cuerpo puede hablarte de relajación mucho mejor que nadie, ya que conoce tus estados particulares de tensión y relajación. ¿Te has acercado alguna vez una concha al oído para escuchar el sonido del mar? Con ese mismo tipo de concentración, intenta escuchar atentamente a tu cuerpo. Cierra los ojos y trata de oír lo que tu cuerpo te explica acerca de cómo se siente. Todo lo que tienes que hacer es centrar la atención hacia tu interior y escuchar en silencio.

Ve a algún lugar tranquilo y cierra los ojos. Deja que tu respiración se haga más lenta y profunda. Pregúntale a tu cuerpo: «¿Dónde estás tenso?». Examínalo en busca de un cuello o de músculos de la espalda tensos, articulaciones doloridas, pequeños dolores o malestares en los brazos o las piernas, palpitaciones en los párpados o zonas delicadas que intentas proteger con tensión muscular.

Cada vez que encuentres una palpitación o una zona tensa, agradécele a tu cuerpo que te las haya mostrado. Recuerda que toda tensión es muscular y que la contracción de los músculos la produces tú mismo aunque no te des cuenta de que lo estás haciendo. De este modo, una vez hayas tomado conciencia de tus tensiones, puedes empezar a liberarlas. Céntrate un momento en cada zona, explora la rigidez o el dolor, incluso exagéralo un poco si eres capaz de hacerlo. Expira lentamente y permite que los músculos tensos se relajen, que los párpados dejen de palpitar, que las rodillas dejen de dolerte. Le dices a tu cuerpo: «Todo va bien, podemos estar tranquilos un momento. Podemos relajarnos».

Cuando hayas conseguido en todo tu cuerpo una sensación de relajación, recuerda agradecerle que te mantenga vivo e informado, que esté a tu servicio a pesar de todas las ocasiones en las que has pasado por alto sus necesidades. Hoy haz algo especial por tu cuerpo. Lo harías por tu coche o por tu casa, así que, ¿por qué no hacerlo por tu yo físico? Prepárate un baño de burbujas, utiliza tu loción corporal preferida o ponte las prendas de algodón más cómodas que tengas. Quizá sea buena idea acercarte al supermercado y comprar algo para preparar una comida sana. No olvides hablar con tu cuerpo con regularidad; te dirá lo que necesitas para sentirte nutrido y limpio.

Libera el cuerpo

Las personas sentimos emociones tanto en el cuerpo como en la mente. ¿Nunca has tenido una extraña sensación en el estómago sobre alguna cosa? ¿Alguna vez has estado tan enfadado que sentías las tripas encogerse de furia? ¿Has experimentado la tristeza como un gran peso sobre el pecho?

Los sentimientos crónicos de una baja autoestima también se manifiestan en el cuerpo. Tal vez hayas sentido el vacío del fracaso en el estómago, la presión de la culpabilidad en el corazón o el dolor de la vergüenza en la garganta. A lo mejor tienes los hombros encorvados por culpa del miedo al rechazo.

El siguiente ejercicio te ayudará a liberar tu cuerpo de sentimientos relacionados con una baja autoestima. Es buena idea grabar los ejercicios en una cinta para volver a utilizarlos más adelante.

El primer paso es relajar el cuerpo y la mente. Siéntate o túmbate en un lugar tranquilo, cierra los ojos y respira lenta y profundamente. Examina tu cuerpo, repasa todos los músculos en busca de señales de tensión. Si encuentras alguna zona rígida, respira profundamente y libera la tensión al expirar.

Recuerda que debes explorar todo tu cuerpo: cara, pecho, espalda, brazos, estómago, pelvis y piernas.

Cuando sientas el cuerpo relajado, intenta apaciguar la mente. Elimina los pensamientos fortuitos que entran y salen de tu cabeza, concéntrate en una sensación de paz. Si algún pensamiento te importuna, déjalo entrar y observa cómo se aleja, siempre volviendo a centrarte en esa quietud mental. Ahora ya estás preparado para empezar la visualización que servirá para eliminar de tu cuerpo el dolor que tenga una base emocional.

Visualiza los sentimientos negativos que yacen en tu cuerpo. Dales a cada uno forma y color. Hazlos tan horribles y extraños como quieras. Podrían ser como un yunque, una espada, un saco de patatas o una cueva vacía. Respira profundamente varias veces. Con cada respiración, observa cómo se mueven esos sentimientos, salen de tu cuerpo y se alejan de ti. Contempla cómo el yunque se levanta de tu estómago o cómo esas manos que te ahogaban te sueltan el cuello. Flotas y te alejas de esos sentimientos desagradables. Han salido de tu cuerpo, tú te relajas y los dejas atrás. Cada vez están más lejos, mucho más lejos. Continúa concentrándote en la respiración mientras los sentimientos negativos se alejan cada vez más, primero se convierten en un punto distante y al final desaparecen por completo.

Repite: «Ésos son sentimientos del pasado. Regresan siempre que me encuentro en una situación que representa un reto. Sobreviviré a esos sentimientos, flotaré y me alejaré de ellos hasta que mi cuerpo esté libre de todo dolor».

Imagina que sales de tu propio cuerpo. Ahora ves lo mal que te sentías, cómo luchabas contra aquellos sentimientos negativos dentro del torso y a lo largo de las extremidades. Mírate la cara y contempla la postura en que se encuentra tu cuerpo. Imagina con un brillo de color rojo aquellos puntos en los que puede quedar algún sentimiento negativo. Dentro de pocos instantes, ese brillo se apagará. Respira profundamente mientras observas cómo disminuye el brillo rojo. Imagina que los sentimientos desagradables se marchan mientras el brillo desaparece poco a poco. Si lo deseas, puedes convertir esa luz roja en un color neutro o relajante; azul cielo o cualquier otro suave color pastel. Cuando ya hayas terminado, vuelve a entrar en tu cuerpo.

Por último, crea una imagen mental de ti mismo cuando ya hayan pasado días o años a partir del día de hoy, cuando ya haga mucho tiempo que esos sentimientos desagradables desaparecieron. Imagínate de pie, muy erguido, con la cabeza alta, seguro y relajado. Cuando tu conciencia regrese a un presente más relajado, recuerda que puedes repetir este ejercicio siempre que experimentes tensión o dolor corporal a causa del estrés emocional.

La visualización del tesoro escondido

En algunas ocasiones, cuando estás muy deprimido, te vienen sentimientos que parecen proceder de un lugar tan recóndito de ti mismo que no sabes si podrás llegar hasta allí para curarlos. Lo cierto es que sí puedes acceder a ese lugar remoto y encontrar las llaves que abren el cofre del tesoro de tus sentimientos positivos.

La siguiente visualización te servirá para explorar las profundidades de tu inconsciente y encontrar algunas de tus cualidades más preciadas, si bien escondidas.

Siéntate o túmbate con los ojos cerrados durante unos cinco minutos. Intenta vaciar la mente de pensamientos cotidianos y acoger en su lugar un sosiego interior. Cuando aparezca un pensamiento que te distraiga, admítelo, espera a que pase y luego regresa a ese estado de tranquilidad mental.

Dirige toda tu atención hacia el cuerpo, explora tus músculos en busca de zonas tensas. Cuando encuentres una zona rígida, inspira profundamente. Después, al expirar, libera la tensión. A medida que te dejas llevar, notarás que tu cuerpo se hace más cálido y más pesado. Ahora estás preparado para emprender el viaje hacia tu tesoro escondido.

Imagina que paseas por un amplio campo cubierto de hierba dorada. Hace un buen día, el sol te acaricia los hombros y escuchas el murmullo de la cálida brisa entre los campos de oro. Un pájaro levanta el vuelo desde la hierba y se eleva hacia el cielo con un trino melódico.

Te encaminas por un estrecho sendero que lleva a las lindes de un frondoso bosque. Al pisar, notas la tierra rica y mullida bajo tus pies. En ese bosque de un verde profundo se siente un frescor agradable. El sol se filtra a través de las copas de los árboles, y a veces irrumpe en forma de rayos dorados que caen sobre tu rostro y lo calientan.

Cruzas un arrollo claro y borboteante. Levantas la vista y ves una hondonada frente a ti, está recubierta de musgo suave y de color verde claro. Un rayo de sol ilumina el lugar y resplandece sobre un pequeño cofre dorado que descansa sobre la hierba.

Te arrodillas en el musgo suave y seco, y abres el cofre. Dentro encontrarás un símbolo, algo que te hará recordar tu valía personal. Puede que sea sólo una cosa o que se trate de un conjunto de objetos. A lo mejor es un trozo de pergamino con algo escrito en él; tal vez sea un anillo o una colección de monedas. Puede ser cualquier cosa que simbolice para ti un momento o una experiencia de los que te sientes orgulloso, un momento que te hace sentir bien contigo mismo.

Una persona podría encontrar una copa de cava del día de su boda. Otra, un talonario que simbolizaría su prosperidad económica. El objeto puede ser una flor del jardín del que tan orgulloso estás, una carta o una piedra de la playa. Deja que tu inconsciente te revele el símbolo que mejor representa tu valía personal.

Repite este ejercicio cada día durante una semana para encontrar otros objetos simbólicos. Atesóralos, porque son recordatorios de tu bondad y tu valía inherentes. Vuelve a realizar este ejercicio cada vez que experimentes una baja autoestima.

Tu guía interior

A veces, cuando te sientes perdido o con la moral baja, desearías conocer a alguien muy sabio, alguien que pudiese ayudarte a sentirte mejor. La verdad es que ya conoces a esa persona tan sabia: eres tú. En realidad, nadie sabe más de ti que tú mismo y, a pesar de que esa sabiduría se encuentra a veces escondida (en ocasiones es incluso inconsciente), estará a tu alcance si cuentas con técnicas para acceder a ella.

Una manera muy sencilla de entrar en contacto con tu sabiduría adquirida es imaginar a un guía interior; la personificación del más profundo conocimiento sobre ti mismo, un ser que puede aclararte tus sentimientos y mostrarte el camino que lleva a la aceptación personal. Tu guía interior puede tomar la forma de un padre fallecido, un amigo al que le perdiste la pista hace tiempo, un profesor, un personaje de un libro o una película, puede ser incluso un animal.

Si quieres, escoge conscientemente cuál será tu guía interior. Otra opción es esperar a ver qué clase de figura conjura tu subconsciente durante el ejercicio que presentamos a continuación. Antes de empezar, ten presente esta advertencia: si en algún momento te sientes incómodo o el guía que está emergiendo te resulta amenazador o te da miedo, detén la visualización y vuelve a intentarlo más adelante. Espera a encontrarte en un estado mental que te permita crear un guía alentador, seguro, cálido y agradable.

Cierra los ojos e imagina que llaman a la puerta. Observa cómo te levantas y te diriges lentamente hacia el sonido del timbre. Te acercas a una gran puerta de cristales ahumados que está protegida por una pantalla de red metálica. A través del cristal de la puerta comienzas a vislumbrar la silueta de tu guía. Fíjate en todos los detalles de su físico. ¿Es alto o bajo? ¿Delgado o grueso?

Abre la cerradura y la puerta de cristal, pero deja cerrada la pantalla de red metálica. Ahora puedes ver por completo a tu guía a través de la pantalla, aunque aún está un poco en sombras. Mira con atención y observa todos los detalles del aspecto físico de tu guía. ¿Se trata de alguien a quien conoces? ¿Es alguien sobre quien has leído algo o al que has visto en alguna película? Es posible que tu guía sea una combinación de personas que hayas conocido.

Cuando te sientas a gusto con tu guía, abre la pantalla e invítalo a que pase y se siente contigo un rato. Sonríe y tu guía te devolverá la sonrisa. Daos la mano, tocaos o abrazaos si te sientes bien haciéndolo.

Pregunta a tu guía: «¿Deseas ayudarme?». Espera su respuesta, te contestará con palabras, con gestos, o tal vez puedas sentir su contestación.

A continuación, pregúntale: «¿Cómo puedo valorarme? ¿Cómo puedo encontrar lo bueno que hay en mí?». Acepta la respuesta, cualquiera que sea, sin emitir ningún tipo de juicio. Tal vez te veas obligado a imaginar a tu guía varias veces antes de empezar a recibir repuestas claras.

Puedes consultar con tu guía todas las veces que lo desees y sobre cualquier tema: problemas por los que estés atravesando, cosas que te tengan preocupado, decisiones que debas tomar o aspectos de tu vida que no tengas claros.

Tal vez te sorprendan la claridad y la simplicidad de sus contestaciones.

Cuando hayas acabado, despídete de tu guía y déjale marchar. No olvides que te puede visitar cada vez que necesites recordar tu valía personal o que precises de ayuda para decidir qué camino seguir.

La visualización de la valía personal

Tanto tu cuerpo como tu mente reaccionan de igual forma ante situaciones imaginarias y ante situaciones reales. Por ejemplo, si consigues visualizarte en una fiesta en la que te sientes a gusto y te comportas con toda naturalidad, sentirás casi el mismo tipo de seguridad que si de verdad hubieses estado en la fiesta y te hubieses relacionado de forma satisfactoria con otras personas. La visualización es un método muy poderoso de reprogramar la forma en que pensamos y reaccionamos.

Las visualizaciones pueden utilizarse para crear mentalmente escenas en las que tu manera de comportarte demuestra que eres valioso en lugar de insignificante, seguro en lugar de indeciso, atractivo en lugar de feo. Comienza por retirarte a algún lugar tranquilo en el que te puedas relajar. Con los ojos cerrados y respirando lenta y profundamente, imagina la siguiente escena:

Estás tomando un baño, suena una música tranquila y tú estás relajado y sonriente. El agua tibia se desliza por tus extremidades y hueles a jabón de esencia de lavanda. Te sientes reconfortado y en calma.

Ahora ya has salido de la bañera y te has secado. Te deslizas dentro de una ropa cómoda y suelta y te miras en el espejo. En lugar de castigarte y fijarte en las zonas de tu cuerpo que no te agradan, admiras la forma de tus ojos o la suavidad de tu piel. Puedes ver cómo se te han pegado al cuello algunos mechones de pelo mojado, la mirada sensual que despiden tus ojos después de haberte dado un baño relajante, o la fuerza y la forma de tus músculos. Di para tus adentros: «Me siento bien, y sé que mi aspecto refleja la forma en que me siento: seguro y bello».

Si empiezas a criticar de forma automática algún aspecto de tu físico, deténte y concéntrate de nuevo. Recuerda algún cumplido que alguien te dedicó en el pasado; concéntrate en las características que son únicas en ti, que te hacen ser quien eres.

Ahora imagina que entras en la cocina y te preparas una comida sana y deliciosa que te dará mucha energía. Tómate tu tiempo para disfrutar de los colores y disponer los alimentos en el plato de forma apetecible. Piensa: «Me merezco comer y sentirme bien».

Ahora imagina que caminas a lo largo de una calle. Te cruzas con un desconocido. Repite: «Deseo arriesgarme». Imagina que le sonríes, te embargan las mismas sensaciones que sentiste en ese baño cálido y reconfortante. El desconocido te mira a los ojos y te devuelve la sonrisa. De repente, te invaden sentimientos de seguridad y placer.

Prepárate para poner fin a esta sesión. Cuando estés dispuesto a emprender de nuevo la rutina diaria, recuerda la visualización y repite las afirmaciones que has utilizado: «Me siento bien, y sé que mi aspecto refleja la forma en que me siento: seguro y bello». «Deseo arriesgarme.» No dejes de hacer este ejercicio, imagina diferentes escenas y date cuenta de cómo van cambiando gradualmente tus sentimientos de seguridad y valía personal.

Hipnosis en la autoestima

Un grupo de amigos se reunió en la sala de estar después de haber cenado para jugar a un juego de salón en el que cada cual tenía que confesar algo que nunca le hubiese contado a nadie. Una mujer reveló que de pequeña su madre la llamaba «Dadá». «Cuando era bebé, yo solía decir mucho "da", y ella lo encontraba divertido porque no creía que fuese muy lista. Supongo que, por lo que recuerdo, yo también pensaba lo mismo.»

Cuando los conceptos básicos de la autoestima se desarrollan a tan temprana edad, es posible que se requieran técnicas especiales para modificarlos. La hipnosis es una poderosa herramienta para alterar la programación recibida de los padres a una corta edad.

La afirmación: «Soy una persona amable y generosa», es útil si se repite varias veces a lo largo del día. Sin embargo, esa misma sugestión realizada durante una sesión de hipnosis puede cambiar los mensajes negativos recibidos de los padres a un nivel más profundo.

Apoya el codo sobre una mesa o sobre el brazo de una silla. Deja que tu mano cuelgue del borde con un lápiz asido entre los dedos pulgar e índice. El lápiz debe quedar suspendido sobre el suelo para que oigas el ruido que produzca al caer. Ponte cómodo, cierra los ojos y respira unas cuantas veces lenta y profundamente. Repite para tus adentros que, cuando te encuentres lo bastante relajado, el lápiz resbalará entre tus dedos y caerá al suelo. Ésa será la señal que esperas para dejarte llevar y caer en un estado de profunda relajación.

Mientras esperas a que caiga el lápiz, repite para ti mismo estas palabras: «Estoy cayendo, cada vez caigo más... Voy hacia abajo, abajo... Me sumerjo en una completa relajación... Tengo sueño y voy cayendo, voy cayendo y tengo sueño... Tengo cada vez más sueño, estoy tranquilo y en calma». Ve repitiendo estas frases una y otra vez, poniéndolas en el orden que desees y respirando profunda y lentamente hasta que el lápiz caiga al suelo.

Cuando escuches caer el lápiz, repite para tus adentros una afirmación que habrás pensado con anterioridad sobre tu fuerza y tu valía personal. Puede ser algo tan simple como: «Soy una buena persona». O tal vez algo más específico como: «Soy bueno, competente y responsable en mi trabajo». Sea cual sea la manera en que la formules, haz que sea una frase clara y positiva. Despacio y en silencio, repite tres veces esa afirmación.

Ahora realiza la siguiente sugestión posthipnótica: «Hoy me gusto más que ayer, y mañana me gustaré más que hoy. Mañana recordaré más y más de lo bueno que hay en mi interior». Después de haber realizado esta sugestión, respira profundamente varias veces y repite que al contar hasta tres recuperarás por completo la conciencia. Cuenta despacio hasta tres. Abre los ojos, camina y asegúrate de que te has despertado por completo.

Este ejercicio hipnótico te hará caer en un leve trance que es totalmente seguro (siempre que te cerciores de haber recuperado por completo la conciencia antes de conducir o manejar algún tipo de maquinaria) y no debería durar más de tres minutos. En general, resulta muy útil alternarlo con las afirmaciones, así que no dejes de hacer las que creas importantes todas las veces que quieras si ves que te son de ayuda.

Segunda parte
Conquista a tu crítico interior

Un concepto esencial para comprender la autoestima es el del crítico interior patológico. Ése es el nombre que recibe la «voz» que todos oímos dentro de nuestra cabeza en alguna que otra ocasión, ese monólogo crítico que nos recuerda nuestras debilidades y nuestros defectos. Tal vez suene como tu propia voz, o a lo mejor como la voz de alguno de tus padres. Quizá sólo consista en palabras aisladas, breves imágenes mentales, pero pueden llegar a ser largas diatribas. Cualquiera que sea el caso, es ese crítico interior el que destruye nuestra autoestima. Esta sección del libro te enseñará a identificar los mensajes de tu crítico interior, a silenciarlos o rebatirlos, y a crear una voz alternativa de defensa, sana y tranquilizadora.

Conoce a tu crítico

No te preocupes si oyes voces dentro de tu cabeza; nos sucede a todos. Reciben el nombre de *conversación interior* o *monólogo interno*. Se trata de comentarios naturales y cotidianos que te ayudan a interpretar todo cuanto sucede, evitar peligros, huir del dolor, buscar placer o provecho, elegir caminos y tomar decisiones.

El pensamiento crítico es una facultad esencial de las personas: debemos emitir juicios críticos para sobrevivir. No obstante, cuando se padece de una baja autoestima, se dirigen demasiados juicios críticos hacia uno mismo. Es entonces cuando perdemos el control sobre ellos y comienzan a tener una existencia propia. La voz crítica de nuestra cabeza que no podemos controlar se llama *crítico patológico*.

El crítico patológico es esa voz interior negativa que dice: «Soy gordo, soy feo, soy incompetente». El crítico te carga con la culpa de todo lo que sale mal, te compara con otras personas y siempre llega a la conclusión de que no das la talla. Siempre espera que seas perfecto, por eso te recuerda constantemente debilidades y defectos y, sin embargo, ni una sola vez menciona tus puntos fuertes y tus méritos. El crítico lee el pensamiento de tus amigos y te dice que se aburren contigo y que están hartos de ti. Se expresa con afirmaciones absolutas de estilo de: «*Siempre* lo fastidias todo y *nunca* eres capaz de acabar *nada* a tiempo».

Puede ser la voz de un hombre o de una mujer, como la de tu padre o tu madre, o incluso tu propia voz. Mucha gente ni siquiera la oye como una voz distinta de la suya; tan sólo les vienen a la cabeza «verdades» o «hechos» de crítica personal. Ésa es una característica clave del crítico patológico: no importa lo exageradas que lleguen a ser sus afirmaciones, siempre parecen ciertas y por eso las crees sin ponerlas en duda.

Para mejorar tu autoestima debes comenzar por darte cuenta de cuándo aparece tu crítico patológico y cuestionar entonces sus afirmaciones. En primer lugar, piensa en esa verdad negativa sobre ti mismo (es decir, algo que tú consideres negativo) en la que crees a ojos cerrados. ¿Cuál es tu mayor vicio, ese punto débil, incapacidad o carencia que te resulta obvio tanto a ti como a aquellos que te conocen? Tal vez se trate de algo tan evidente y objetivo como: «Soy bajo», «Dejé los estudios en el instituto», o «Estoy soltero».

Durante lo que queda de hoy y todo el día de mañana, limítate a observar cuántas veces te viene ese hecho a la cabeza. Lleva contigo lápiz y papel y toma nota de cuántas veces has pensado en ello. Si escuchas unas palabras en concreto, anótalas también. Te servirá de buena práctica para realizar ejercicios posteriores.

Por el momento, sin embargo, no hagas más que ser consciente de la frecuencia con la que ese hecho te viene a la mente. Parece mucho, ¿verdad? Ése es el crítico patológico, que siempre llama tu atención sobre los aspectos negativos recordándote sin descanso cuáles son tus defectos y tus desventuras. Una vez hayas observado lo presente que esa creencia está en tu vida, podrás continuar adelante y pasar al resto de ejercicios de esta sección.

Descubre a tu crítico

Lo has visto cientos de veces en las películas: los agentes de la CIA escondidos en la camioneta de una falsa fontanería que se aferran a los auriculares y escuchan las conversaciones mantenidas a través de una línea telefónica pinchada; el detective privado que utiliza una grabadora que se activa con la voz; la persona desconfiada que se pone en el teléfono auxiliar a escuchar cómo su pareja concierta una cita secreta con su amante.

Atrapar a tu crítico es igual que convertirte en un detective, sólo que en este caso estás pinchando tus propios pensamientos, vigilas tu monólogo interior para descubrir afirmaciones críticas.

Mañana, lleva contigo un pequeño cuaderno de notas. Mientras haces todo lo que tienes por costumbre, imagina que eres un detective oculto en un rincón de tu propia mente. Imagina que puedes espiar el hilo de tus pensamientos como si estuvieses escuchando a escondidas la conversación telefónica de otra persona.

Cuando tu monólogo interno se vuelva ofensivo, apunta en el cuaderno los ataques de tu crítico interior. Aquí tienes una muestra tomada del cuaderno de una profesora de primaria:

Hora	Afirmación crítica
8:15	Siempre llego tarde. ¿Por qué no puedo ser puntual?
8:40	Menudo plan de clase más simple. ¡Soy tan vaga!
9:45	Les estás fallando a los niños.
11:00	Aún no he colgado sus dibujos en la pared. Soy muy desorganizada.
12:20	Comentario estúpido en el comedor.
14:35	Estás dejando que los niños se te vayan de las manos.

Probablemente, cuando intentes hacerlo por primera vez, tu detective interior enseguida se quedará dormido. Cuesta mucho mantenerse a cierta distancia de nuestra propia vida para poder vigilar nuestros pensamientos. Tal vez te veas obligado a «rebobinar la cinta» para poder darte cuenta de lo que te has estado diciendo. Cuando recuerdes que deberías haber controlado tus pensamientos, empieza por lo que acabas de pensar y avanza marcha atrás.

Por ejemplo, la profesora se fijó en un libro de la biblioteca y eso le recordó que debía haber tomado nota de sus pensamientos negativos. Dio marcha atrás: «Estaba pensando: "No tengo tiempo de devolver el libro a la biblioteca porque tengo que hablar con Barbara cuando acaben las clases y explicarle a qué me refería con lo de la exposición de ciencias, porque estoy convencida de que en el comedor no me he hecho entender y debo haberle parecido una estúpida". Tengo que apuntar: "Comentario estúpido en el comedor"».

Continúa haciendo este ejercicio hasta que tu detective sea capaz de mantenerse despierto el tiempo necesario para anotar lo que te dice tu crítico, o hasta que aprendas a rebobinar las cintas con la suficiente precisión.

El origen del crítico

El crítico patológico nace con los gestos de desaprobación que te dirigían tus padres (sus reacciones negativas, las reprimendas y los azotes) cuando hacías algo peligroso, algo que estaba mal o que les molestaba. Estos gestos de desaprobación te decían que eras malo, que en ti había algo que no estaba bien. Cuando se es niño, la desaprobación de los padres es cuestión de vida o muerte, ya que ellos son la única fuente de sustento tanto físico como emocional que se posee.

Todos guardamos recuerdos conscientes e inconscientes de aquellas ocasiones en las que nos castigaron y nos sentimos mal o creímos ser malos. Esos recuerdos son las cicatrices inevitables que el crecimiento inflige en nuestra autoestima. Cuando tu crítico patológico empieza a comentar que has hecho un desastre, que no has alcanzado un objetivo o que has cometido un error estúpido, te parece completamente creíble porque se remonta a tus más tempranos recuerdos de castigo, humillación y miedo.

La maldad de tu crítico interior depende de lo frecuentes, contundentes, moralistas, consistentes, y acusadores que fueran los gestos de desaprobación de tus padres. A cuantas más de las siguientes cinco preguntas contestes con un «sí», más probabilidades tienes de poseer un crítico interior con una voz poderosa y perversa:

1. ¿Tus padres te regañaban o te castigaban con frecuencia? __Sí __No
Se necesita haber escuchado muchas veces: «Siempre lo fastidias todo. Pero, ¿qué te pasa?», para que entre en tu interior y se convierta en parte del repertorio de tu crítico patológico.

2. ¿Tus padres te trataban con ira y rechazo? __Sí __No
Todo niño puede soportar una cantidad razonable de crítica sin que su sentimiento de valía personal resulte dañado por ello, siempre que la crítica se haga de forma calmada y sin ánimo de ofender. El daño se produce cuando los padres gritan y pegan al niño, o le retiran su apoyo emocional.

3. ¿Tus padres tenían normas contradictorias? __Sí __No
Si los padres no establecen unas normas consistentes, resulta muy complicado descubrir lo que se espera de uno. Cuando te castigan, es probable que supongas que el motivo es que eres malo por naturaleza y no que has quebrantado una norma clara.

4. ¿Convertían tus padres todo en una cuestión moral? __Sí __No
Si tus padres consideraban que hacer mucho ruido, sacar malas notas o romper algo era un pecado mortal, es más probable que sufras de una baja autoestima que si expresaban sus normas en términos de preferencias, gustos, necesidades personales o motivos de seguridad.

5. ¿Solían culparte tus padres a ti en lugar de a tu comportamiento? __Sí __No

Un niño que escucha una severa advertencia sobre el peligro que entraña salir corriendo por el medio de la calle tendrá una autoestima más alta que otro que sólo ha escuchado que es «un niño malo» cuando echa a correr calle abajo. Unos padres cuidadosos establecerán una clara distinción entre el comportamiento inapropiado y la bondad esencial de sus hijos.

Las respuestas que hayas dado a estas preguntas pueden ayudarte a identificar el origen de tu crítico interior. Es muy importante recordar que puedes modificar y controlar a tu crítico aunque hayas contestado afirmativamente a todas las preguntas. Los ejercicios que encontrarás en esta sección te ayudarán a conseguirlo.

¿Quién teme al crítico feroz?

El crítico interior no es el hombre del saco, un demonio, un extraterrestre ni el lobo feroz. No es más que la combinación de todas las voces negativas que has oído a lo largo de los años. Parece aterrador porque ha formado parte de ti durante mucho tiempo y conoce tus puntos débiles.

Puedes superar el miedo al crítico interior de la misma forma que los oradores superan el miedo al público: imagina a tu crítico desnudo. Es decir, imagina al crítico como si fuera alguien vulnerable, desprotegido, ridículo, con apariencia chistosa, etcétera. Con ello conseguirás dos cosas: descubrir la naturaleza ridícula de la mayoría de las cosas que dice tu crítico; y convertirlo en «el otro», alguien fuera de ti que puedes rechazar sin rechazar a tu yo esencial.

La próxima vez que te encuentres a tu crítico gimoteándote al oído, visualízalo como alguien estúpido o despreciable, alguien ajeno a ti y a quien puedes rechazar con facilidad. Aquí tienes algunos ejemplos de maneras de ver a tu crítico que lo harán menos feroz y te ayudarán a desoírlo con más facilidad:

Político. Imagina al típico político estirado y demagógico que habla en un tono monótono acerca de algún plan estúpido que nadie en su sano juicio se tomaría en serio. Escucha cómo le silban y le abuchean en el podio.

Charlatán de feria. Imagina a un comediante de segunda, pasado de moda, que viste un traje barato y luce una horrible dentadura intentando convencerte de que abandones la luz del sol y entres en una tienda mohosa para admirar un bote opaco con formaldehído que a duras penas conserva lo que una vez fue un conejo con dos cabezas. Te resulta muy sencillo hacer oídos sordos a tu crítico y pasar de largo.

Modelo publicitaria. Imagina a una rubia de bote que hace gestos grandilocuentes en dirección a un horno con grill. Le sonríes un «no, gracias» compasivo.

Vendedor telefónico. Imagina a un científico, caduco y divorciado tres veces, que vive en un frío estudio en Reno, Nevada, rodeado de cajas de pizza, latas de conserva y fotografías de Elvis, fumando un cigarrillo detrás de otro y bebiendo directamente de la botella de dos litros de un refresco bajo en calorías. Te llama por teléfono para preguntarte si te gustaría recibir gratis durante dos semanas un periódico que no usarías ni para poner en el suelo de la jaula de los canarios. Con educación, le cuelgas, desenchufas la línea y metes el teléfono en el triturador de basura, sólo por si las moscas.

Payaso. Imagina a alguien disfrazado de payaso, con una sonrisa maquillada en la cara que no consigue esconder su mueca de angustia mientras se pelea con unos globos para fabricar animalitos. «*Voilà*», suspira el sofocado payaso. «Un dragón... Un grifo... Un unicornio.» Todos tienen el mismo aspecto, parecen caniches de tres patas con problemas de cadera. Al pasar de largo, repartes las bolsas que llevas entre las dos manos para que parezca que vas tan cargado que no puedes quedarte con ningún caniche deforme.

Loco. Imagina a alguien de pie en una esquina, con un cartel de propaganda colgado del cuerpo, explicándole al aire que capta con los dientes ondas de radio con los planes de Richard Nixon para dominar el mundo, o mensajes de los extraterrestres dirigidos a las antenas espías de la CIA. Intentas no mirarle a los ojos al pasar y sales de allí pitando.

Desenmascara a tu crítico

El crítico se hace pasar por ti, toma el disfraz de un mero narrador de hechos obvios o de la voz racional de la planificación y el análisis. Simulará actuar en tu interés, pero no es más que una farsa. El crítico miente. Opera siguiendo unos motivos que pueden parecer razonables en un primer momento, pero que en realidad son dañinos. Debes arrancarle la máscara y dejarlo al descubierto frente a motivos ulteriores.

No dejes de anotar los mensajes que te dicta tu crítico (tal y como se ha descrito en anteriores ejercicios de esta misma sección). Estúdialos para encontrar en ellos un patrón. ¿Cuáles son los temas que se repiten una y otra vez? ¿Qué tono tiene su voz? ¿Cuáles son sus palabras o frases preferidas?

¿Por qué te hace esto tu crítico? ¿Qué motivos le empujan a ello? ¿Por qué no hace más que hablar de determinadas cosas? Debes intentar encontrar una explicación a sus razones. Escribe: «Mi crítico...». Redacta por qué tu crítico dice las cosas que dice. Aquí tienes unos cuantos motivos ulteriores que otras personas han encontrado:

- Mi crítico intenta imponerme las normas con las que crecí porque no sabe otra cosa.

- Mi crítico me compara con los demás porque (de vez en cuando) me siento superior a otra persona.

- Mi crítico se hace verosímil porque suena igual que mis padres, y yo siempre creía lo que me decían.

- Mi crítico me discute siempre porque es lo que mis padres hacían.

- Mi crítico espera la perfección porque, si pudiese hacerlo todo bien, me sentiría bien conmigo mismo.

- Mi crítico dice que soy incompetente para evitar que intente hacer nada; de ese modo no tendré que sentirme decepcionado por ningún fracaso.

- Mi crítico me dice que no le gusto a la gente para que no me lleve una sorpresa ni me sienta herido cuando alguien me rechace.

- Mi crítico predice lo peor para que esté preparado para cualquier cosa.

- Mi crítico dice que debo ser perfecto para que llegue a creerme capaz de la perfección, al menos durante un reconfortante momento.

- Mi crítico me tortura con mis errores del pasado.

Si alguno de estos motivos ulteriores habituales te resulta familiar, escribe tu propia versión. Redactarlos ayuda a revelar lo retorcidos e ilógicos que son.

Cae en la cuenta de que muchos de los motivos de tu crítico parecen muy loables, incluso diseñados para evitarte el dolor de manera indirecta. Sin embargo, esos motivos son como los cumplidos con segundas o los premios de consolación: duelen más de lo que ayudan.

Cuando desenmascaras los motivos de tu crítico, haces que sus críticas sean menos creíbles. Te haces menos vulnerable a sus desvaríos y estás más preparado para contestar con afirmaciones sanas que aumentarán tu autoestima.

Responde al crítico con mantras

Los mantras que se recomiendan en este ejercicio no son como «om» o «serenidad». En este ejercicio hablamos de lo que a veces recibe el nombre de *mantras de bloqueo*, porque contestan a los ataques de negatividad de tu crítico con una señal de parada mental.

Los mantras de bloqueo son muy fáciles de utilizar. Cuando notes que, como de costumbre, tu crítico empieza con eso de: «Qué estúpido. No le gustas a nadie», contesta imaginando que gritas a pleno pulmón. En silencio, grítale: «¡Calla!», o alguna otra palabra contundente, breve y convincente que ahogue su voz. Aquí tienes algunos mantras que han sido útiles a otros:

¡Es ponzoña! ¡Para!

¡Calla, mentiroso!

¡Corta el rollo!

¡Que te den, crítico!

¡A la mierda con tanto desprecio!

¡Déjame en paz!

Es perfectamente lícito insultar a tu crítico. Puedes despotricar mentalmente todo lo que quieras. No tienes por qué ser agradable ni lógico. De hecho, no hace falta que lo que digas tenga sentido. Por ejemplo, el crítico de Leslie le hablaba a menudo con la voz de su madre, le recitaba fragmentos inconexos de advertencias y consejos: «Cuidado... Ten cuidado, vas a tirarlo... Eres muy torpe... Todo el mundo sabe que estás atontada... Enderézate, pareces una vieja». Leslie descubrió que el mantra que le daba mejor resultado era el que ya había descubierto a los seis años, después de ver *Mary Poppins*. Cuando su madre la sermoneaba, la Leslie de seis años repetía «supercalifragilísticoexpialidoso» una y otra vez, lo más alto que podía, hasta que hacía callar a su madre. Lo que funcionaba entonces, funciona también ahora. Leslie imagina que grita esa palabra sin sentido a todo volumen y, a la segunda o tercera vez, la cinta de su crítico se detiene.

¿Qué te gustaría decirles a tus críticos más despiadados, y en especial a tu crítico interior? Escribe al menos tres posibles mantras y ponlos en práctica durante toda la semana.

_____

_____

_____

_____

_____

_____

Si deseas aumentar la efectividad de tu mantra, ponte una goma alrededor de la muñeca. Cuando grites un mantra mentalmente, tira de la goma y haz que te dé un golpe seco en la muñeca. Esa sensación intensa y punzante rompe el hilo del monólogo negativo y actúa a modo de pequeño castigo, lo que hace menos probable que tu crítico vuelva a atacar. Piensa en ese golpe seco de la goma como en un signo fisiológico de exclamación añadido al mantra interno.

Practica este ejercicio durante una semana cada vez que escuches comentarios de tu crítico. Prueba diferentes mantras y quédate con aquellos que más te gusten después de haberlos utilizado toda la semana. Y no olvides que el crítico no se callará para siempre, así que vuelve a utilizar los mantras cada vez que los necesites.

Recuérdarle al crítico lo mucho que te cuesta

El crítico patológico es como un jugador empedernido; gasta todo tu capital emocional para pagar al usurero del pasado. En realidad no le debes nada al pasado. Tu crítico te cuesta más de lo que puedes permitirte. Siempre puedes recordarle el coste y negarte a pagarlo.

¿Cuál es el «coste» de un crítico tenaz en términos de autoestima? No puedes llevar las cuentas en un libro, pero sí puedes confeccionar una lista con los problemas que te acarrea o agrava el vivir con una autoestima baja. Ésta es la lista de los «costes» de Lorraine, que es representante de ventas de una editorial:

- Siempre estoy a la defensiva cuando mi marido me critica.

- Suelo explotar cuando mi hijo me desafía.

- Perdí a mi amiga Eileen aquella vez que me enfadé tanto.

- Cuando mi madre me da algún consejo sobre dinero siempre la hago callar de mala manera.

- No soy bastante enérgica con los clientes.

- Soy fría y distante con los jefes porque les tengo miedo.

- Me muestro inquieta y desconfiada con los desconocidos.

- Doy por supuesto que no le gusto a nadie.

- Me da miedo probar cosas nuevas por miedo a parecer estúpida.

Cuando Lorraine vio lo mucho que le estaba costando su baja autoestima, redactó una breve afirmación para recordarle el coste a su crítico: «Haces que tenga miedo de la gente y que esté a la defensiva, reduces mis ingresos, me haces perder amistades y tratar mal a las personas a quienes quiero».

Escribe lo que te cuesta tu baja autoestima en los siguientes ámbitos:

Relaciones personales _____

Familia _____

Trabajo _____

Conocer a gente _____

Probar cosas nuevas _____

Otros _____

Ahora combina los puntos más importantes en una afirmación que los resuma todos y escríbela en el espacio que tienes a continuación.

No puedo permitírmelo. Me has costado _____

_____

_____

Cuando tu crítico arremeta contra ti, atácale con esa frase.

Contesta afirmando tu valía

Aunque contestar a tu crítico con mantras y recordarle el coste de sus invectivas es importante, a largo plazo estos métodos son insuficientes. Son técnicas que te harán coger práctica al responder a tu crítico y te harán ganar tiempo; pero no solucionan el problema en sí. Al final todo se reduce a un «¡Cállate!» y un «No puedo permitírmelo». Si alguna vez has recibido las persistentes llamadas de un vendedor por teléfono, sabrás que estas estrategias no funcionan para siempre; sobre todo porque tu crítico es el vendedor por teléfono del infierno, con un amplio conocimiento de tus puntos vulnerables y línea directa con tu mente... No tienes forma de colgar.

La debilidad de los «¡Cállate!» y los «No puedo permitírmelo» es que generan un vacío al silenciar al crítico sin poner nada en su lugar. Muy pronto regresará la voz crítica para sustituir ese vacío con más ataques, por eso es preciso que lo rellenes tú con la afirmación de tu valía personal. No es algo sencillo, ya que hasta el momento habías estado de acuerdo con tu crítico en que tenías algo fundamentalmente malo en tu interior.

Tu crítico te habrá hecho creer que eres un recipiente vacío y sin valor que debe llenarse, gota a gota, a base de grandes logros. Según esta opinión, todos empezamos esencialmente carentes de valor, somos sólo un cuerpo que se mueve y habla. El crítico asegura que una persona no tiene valor *intrínseco*, sino tan sólo un *potencial* para hacer algo que merezca la pena, algo importante.

Eso es mentira. En realidad eres un recipiente único y muy valioso, no importa cuáles sean los «contenidos». Piensa un momento en lo mucho que quieren los padres a sus recién nacidos. Están llenos de amor y admiración por esos pequeños seres insignificantes que ni siquiera son capaces de enfocar la mirada, mucho menos de hablar, y aún no han conseguido nada en la vida.

En realidad tu valor reside en la conciencia, el estar vivo, la capacidad de percibir y experimentar. El valor de un ser humano es que existe. Eres un complejo milagro de la creación, una persona que intenta vivir, y eso te hace tan valioso como a todas y cada una de las personas que hacen lo mismo que tú. Los logros de la vida diaria no tienen ninguna relación con tu valía intrínseca.

Cuando tu crítico empiece a acosarte con tus deficiencias, tu vacío y tu carencia de logros en comparación con los demás, es preciso que le contestes con afirmaciones de tu valor esencial. Éstos son algunos ejemplos que han ayudado a otros:

- Soy valioso porque estoy vivo, respiro y siento.

- Hago todo lo que puedo por sobrevivir. No tengo por qué castigarme.

- Soy tan bueno como cualquier otra persona. En este mundo todos intentamos sobrevivir.

• Amo, sufro y lucho como cualquier otra persona.

Intenta repetirlas para tus adentros. Si no te sientes cómodo con ninguna, tómate tu tiempo para redactar en tus propias palabras una afirmación que te suene mejor.

_____

_____

_____

_____

Utiliza estas afirmaciones siempre que aparezca tu crítico y te parecerá la más atractiva de entre las diferentes técnicas. Si las afirmaciones son efectivas, cada vez tardarás más en escuchar de nuevo a tu crítico, y cuando diga algo, será a un volumen mucho más bajo.

La voz de tu abogado

Lunes por la mañana, Sally se despierta y se da la vuelta en la cama, medio dormida, para contemplar el vestido, las medias y el par de zapatos nuevos que descansan sobre la cómoda. Se los había comprado durante el fin de semana y había estado esperando ese día con impaciencia para estrenarlos. Los lunes se hacían mucho más agradables cuando tenía algo nuevo que ponerse.

Llegó al trabajo, le sonrió Maurice, el recepcionista, y se dirigió a su despacho. «Vaya», pensó Sally. «Supongo que Maurice no se ha fijado en el vestido. En fin.» El problema fue que durante el resto del día nadie pareció darse cuenta de su nuevo conjunto, así que acabó por convencerse de que nadie había querido decirle nada de su ropa nueva porque le quedaba mal y les daba vergüenza decírselo. «Tengo un gusto horroroso», se dijo. «Pero, ¿en qué estaría yo pensando?»

Sally pasó la mitad del día sintiéndose muy desgraciada. Cuando llegó a la cita que tenía para cenar con su mejor amiga, Bernice, estaba llena de excusas. «Siento no ir muy arreglada. No sé cómo he podido comprarme este vestido. Debo de estar ciega.» Sally se hundió en su asiento y sorbió un poco de vino de la copa de Bernice. «¿No lo dirás en serio?», replicó su amiga. «Me encanta el gusto que tienes para la ropa. ¿Quién sino tú se pondría un vestido lila con medias de color naranja? Eres muy atrevida. ¡Estás estupenda!»

Bernice no quería que Sally se deprimiese. Como buena amiga que es, ve a Sally con el amor que ella, por culpa del monólogo interior negativo, a veces tiene problemas para encontrar. Ojalá Bernice pudiese estar en la cabeza de Sally para cortar de raíz todas esas afirmaciones negativas.

El siguiente ejercicio te permitirá imaginar la voz de un buen amigo luchando contra tu crítico interior. Cuando lo hayas practicado durante suficiente tiempo, las palabras de amor y apoyo de tu amigo se fundirán con tu voz interior y combatirán los ataques del crítico.

Durante todo un día, presta atención a tu monólogo negativo. Cuando tu crítico se meta contigo, detente a anotar las afirmaciones negativas. De momento no las juzgues, limítate a escribirlas.

Al final del día, examina la lista de afirmaciones negativas que te ha dedicado tu crítico. Ahora imagina que eres tu más competente abogado; tu mejor amigo, tu padre, tu madre, un mentor. Escoge a alguien que con toda seguridad te defendería de las granadas emocionales que lanza tu crítico, e intenta meterte dentro de su cabeza. En otra hoja de papel, rebate cada una de las afirmaciones negativas que has anotado durante el día. Por ejemplo, si tu voz crítica interior ha dicho: «Eres muy desordenado», tu abogado podría responder diciendo: «A veces tu naturaleza creativa te impide ser totalmente ordenado». Si tu crítico ha espetado: «No dices más que estupideces», tu amigo podría contestar: «Me encantan tus historias. Son tan divertidas que no hay nada que se les pueda comparar.»

Ahora repasa las refutaciones de tu abogado y deja que tu crítico responda a todos los puntos positivos que ha encontrado en ti. A continuación, haz que tu abogado vuelva a contestar a esas críticas. Tu abogado debe hablar en tu favor con cordialidad pero con firmeza. Si tu crítico responde a los halagos de tu creatividad de tu abogado con: «Tal vez seas creativo, pero tu despacho parece una porqueriza», tu abogado podría decir: «Llevar una vida rica y creativa es mucho más importante que ser siempre ordenado». Si tu crítico no cree que tus historias sean divertidas y dice: «Te esfuerzas tanto por ser divertido que los demás creen que eres un exhibicionista», la voz de tu amigo podría contestar: «A la gente le gustan tus historias. Si pensaran que te estás exhibiendo, no te escucharían ni se reirían cuando las explicas».

Continúa con este proceso, permitiendo que el crítico responda a las observaciones del abogado hasta que se quede sin argumentos. Frente a la voz tenaz y positiva de un abogado, al crítico se le acabarán los reproches. Así, al finalizar el ejercicio, tendrás en tu poder una lista de afirmaciones positivas que puedes utilizar para recordar tus maravillosas cualidades. Repite este ejercicio cada vez que nuevas críticas, o variantes de las antiguas, asalten tu mente.

El ataque preferido del crítico: las comparaciones negativas

Sandra se mordía la uña del pulgar mientras esperaba que empezase la clase. Su amiga Elise estaba sentada a su lado dando golpecitos con los dedos sobre el brazo de la silla. Las dos estaban un poco nerviosas porque les iban a dar los resultados de los trabajos del semestre, y su profesor tenía fama de ser un examinador muy duro.

Por fin, el profesor entró en el aula y comenzó a repartir los trabajos de inmediato. Cuanto más se acercaba a ellas, con más fuerza mordía Sandra y golpeaba Elise. Justo cuando Sandra se arrancaba la uña y la dejaba en carne viva, su trabajo cayó encima de la mesa. Una gran B de color rojo la miraba desde el papel. «¡Menudo desastre!», pensó. «Me había esforzado más que nunca en hacer este trabajo. Creía que esta vez sacaría un 9.»

Sandra se volvió para ofrecerle una triste sonrisa a Elise, que tenía la cara iluminada de felicidad. Sandra miró el trabajo de Elise: ¡10! «¡Vaya! Qué bien, Elise.» Le dio unos golpes en la espalda y con la otra mano escondió subrepticiamente su

7. Nunca conseguía superar a Elise en los trabajos de la universidad. Sandra creía que nunca pasaría de ser una escritora mediocre. Por lo visto, era una estudiante bastante mala; era desordenada, lenta, holgazana...

Sandra se siente mal por no haber hecho el trabajo tan bien como Elise, pero está cayendo en una negación absoluta de sus cualidades como estudiante por culpa de una nota casi excelente, porque ve las cosas a través del oscuro filtro de una baja autoestima. Olvida que es magnífica en francés, que bordó el examen de matemáticas, que sus amigos adoran su sentido del humor, que sabe hacer un soufflé de primera. De repente, todo se reduce a una única comparación negativa.

El siguiente ejercicio te enseñará a cortar de raíz las comparaciones negativas. Todos somos buenos en diferentes grados haciendo cosas distintas. Aquí tienes una manera de apreciar lo que haces bien.

Durante lo que queda de hoy y todo el día de mañana, toma nota cada vez que te compares de forma negativa con otra persona. Utiliza un cuaderno o un diario, y la próxima vez que pienses que alguien es mucho mejor que tú en algo, anótalo («10.34: Me he dado cuenta de que Bob habla mucho mejor que yo en la reunión de personal»).

Al final del día, repasa la lista. Considera con atención cada una de las comparaciones negativas. Después, por cada una de ellas, piensa en algo que *tú* hagas mejor que la otra persona. Escríbelo junto a la comparación negativa. Lo que tú hagas bien puede ser cualquier cosa que creas importante: quizá te resulta más fácil hacer amistades que a Susan, o eres más elegante en el vestir que Walter. Tal vez escribes mejor que Joe, o explicas historias más divertidas que Clarise. Sea lo que sea, no seas tímido, reconócelo y anótalo en la lista.

Por último, mira con atención la lista que has creado. Piensa en cómo te sentías cuando escribiste la primera comparación negativa. Luego, averigua cómo te sientes ahora que has descubierto que hay muchas cosas que haces bien, incluso cosas que haces mucho mejor que otros. Mañana, cuando te sorprendas comparándote con alguien de forma negativa, date la oportunidad de considerar qué haces mejor que esa persona. Practícalo durante todo el día.

Repite este ejercicio todos los días durante una o dos semanas y retómalo siempre que aparezcan de nuevo las comparaciones negativas. Si el ejercicio da resultado, descubrirás que con el paso del tiempo establecerás menos comparaciones negativas.

Cartas a tu progenitor crítico

Para mucha gente, la voz del crítico suena igual que la uno de sus padres. De hecho, es posible que puedas encontrar el origen de tus batallas con la autoestima en un padre o una madre especialmente crítico, irascible o negligente.

Si tienes sentimientos de ira o decepción que nunca pudiste expresar de manera adecuada a tu padre o a tu madre, este ejercicio puede resultarte de gran ayuda. Te permitirá expresar todos esos sentimientos que nunca antes comunicaste, y además te ayudará a ponerte en el lugar de tus padres. En cierta medida, te ofrecerá la posibilidad de «reeducarte» mediante la escritura.

Vas a escribir tres cartas: la primera dirigida a tu progenitor crítico, la segunda en el papel de tu progenitor crítico y la tercera como el progenitor que te habría gustado tener.

Para comenzar, escribe una carta al progenitor que te decepcionó. Puede que él o ella fuese demasiado crítico, irascible, estuviese ausente, resultara ineficaz o que tú necesitases algo que nunca te dio. En esta primera carta, cuéntale a tu progenitor qué era lo que necesitabas y cómo te sentiste al no recibirlo.

Dolores, una mujer de 30 años que de indecisiones, empezó a escribir su carta de este modo:

Necesito decirte que no me brindaste el apoyo y la atención que precisaba de ti. Me heriste por no estar allí cuando te necesitaba, y por castigarme cuando estabas conmigo. Esas heridas aún me duelen. Como tú jamás reconociste mi valía fundamental, aún sigo dudando de ella.

Tu segunda carta estará redactada en la voz de tu progenitor. ¿Cómo respondería a lo que has escrito? ¿Estaría a la defensiva, contestaría enfadado? ¿Haría un esfuerzo por aceptar tus sentimientos? Utiliza tu imaginación y tu poder de empatía para ponerte en el lugar de tu progenitor y escribir una respuesta en su nombre.

Dolores escribió una respuesta en la que había tanto comprensión como una actitud defensiva:

Mi intención nunca fue la de criticarte, pero a veces lo necesitabas. La vida es dura, y era preciso que te endurecieras para sobrevivir. Fíjate en mí, tuve que encontrar dos trabajos para sacarte adelante, y a mí nadie me daba un descanso. Te dediqué todo el tiempo que pude. Necesitas superarlo, pero siento haberte herido.

La última carta tendrá la voz del progenitor que te hubiese gustado tener, el progenitor que necesitabas. En esta carta y a través de tu progenitor ideal, te recordarás que *merecías* obtener lo que necesitabas de niño. Fuera cual fuese el motivo que impedía a tu padre o a tu madre darte lo que necesitabas era problema suyo, y su origen no tuvo nada que ver con tu valía personal.

La madre ideal de Dolores escribió esto:

Siento de todo corazón no haber sido capaz de darte lo que tanto necesitabas de niña. Creo que no supe darme cuenta de lo im-

portante que eras para mí y de lo orgullosa que me siento de ti. Eso es porque nunca aprendí a expresar mi amor sin sentirme avergonzada por ello. Y aunque se trata de mi deficiencia y no tiene nada que ver contigo, fuiste tú quien sufrió por ello. Por favor, acepta mis disculpas. Quiero que sepas que eres lo que más me importa en esta vida. Te quiero y creo que te has convertido en una mujer excepcional.

Dolores descubrió que incluso meses después de haber escrito estas cartas, algunas frases de su madre ideal le venían a la cabeza en momentos de mucho estrés y la ayudaban a hacer frente a la situación sin desmoralizarse.

Tercera parte
Rechaza los destructores de la autoestima

Los destructores de la autoestima son herramientas que emplea tu crítico patológico para demoler tu valía personal. Son hábitos de pensamiento que se utilizan constantemente para interpretar la realidad, como las generalizaciones excesivas o las etiquetas generales. Por fortuna, los destructores de la autoestima no son más que una mala costumbre que, como tal, puede modificarse. Puedes aprender a luchar contra cada destructor de la autoestima y sentirte bien contigo mismo.

Al principio puede resultar complicado identificar un destructor, ya que forman parte de nuestra manera de percibir la realidad. A medida que vayas leyendo esta sección, es muy probable que descubras que te identificas más con unos destructores de la autoestima que con otros; los ejercicios que se centran en algunos destructores en concreto te ayudarán a acabar con ellos. Una vez hayas identificado los destructores de tu autoestima y te hayas comprometido a superar esos pensamientos que parecen atacarte, podrás comenzar a construir refutaciones que resulten efectivas contra tus destructores. Tal vez te sea útil imaginar a alguien que les ponga voz a las refutaciones: alguien que salga en tu defensa frente a un destructor de la autoestima cuando estás deprimido. Esa persona se convertirá en el paladín de tu causa, tu consejero, tu maestro, tu entrenador. Imagina, por ejemplo, a un amigo que te acepta tal como eres, que está completamente de tu parte. Él, o ella, te recordará tus facetas positivas cuando las olvides. O imagina a un profesor, alguien racional, severo pero amable, que te hará ver las oportunidades que surjan para crecer o aprender algo nuevo.

A medida que avances en el proceso de combatir los destructores de la autoestima, recuerda que son los pensamientos los que determinan los sentimientos. Esos destructores no son más que un mal hábito, un hábito de pensamiento y una forma de interpretar la realidad que te hace sentir mal contigo mismo. Una vez conozcas algunos de tus pensamientos demoledores, podrás empezar a luchar contra ellos.

La generalización excesiva

La *generalización excesiva* crea un universo que cada vez se hace más pequeño y en el que las conclusiones absolutas convierten tu vida en un auténtico confinamiento. En lugar de observar todos los datos que se tienen a disposición y comprobar luego la conclusión a la que se llega, se toma tan sólo un hecho o un acontecimiento y se hace de él la norma general, una regla que nunca se verifica. Si se tiene especial tendencia a realizar generalizaciones excesivas, una mala experiencia en un restaurante italiano puede interpretarse de forma que signifique que toda la comida italiana es mala. O tal vez un profesor de dibujo del instituto te dijo que no tenías talento para la acuarela, y nunca volviste a intentar expresarte de forma creativa.

Las pistas que te pueden indicar si realizas generalizaciones excesivas son palabras como «nunca», «todo», «cada», «todo el mundo», «nadie» o «siempre». Estas palabras de carácter absoluto son la vía que toma tu crítico para cerrar las puertas a nuevas posibilidades, de manera que te impide evolucionar y crecer. Lee el siguiente ejemplo para descubrir si padeces del mismo destructor de la autoestima que Annie.

Annie, una chica de 25 años, tiene un miedo atroz a dar el primer paso en una cita. Su miedo ha llegado a ser tan exagerado que está empezando a dudar de si alguna vez volverá a sentirse segura. Todo empezó a los 17 años en su primera cita con Stu, un simpático y atractivo compañero de laboratorio de la clase de biología.

Stu y Annie se reían mucho juntos durante las horripilantes disecciones que tenían que practicar en grupo. Ella nunca había imaginado que lo pasaría tan bien clavándole agujas a una lombriz. Normalmente, le daba bastante vergüenza reírse porque se le veían los aparatos de los dientes, pero con Stu se dejaba llevar y olvidaba todas sus inhibiciones.

Un día, después de la clase de laboratorio, decidieron que tenían que salir juntos algún día y quedaron para ir al cine esa misma noche. Annie estaba muy impaciente y se puso nerviosa. Sin embargo, en cuanto estuvieron los dos juntos, se sintió con mucha más confianza. Lo cierto es que hacia el final de la noche, se lo había pasado tan bien que hasta se sentía valiente. Así que, mientras Stu estaba agachado para atarse el cordón del zapato, decidió que le daría un gran beso en la mejilla cuando se levantara para mirarla. Pero Stu se levantó algo más deprisa de lo que Annie había calculado y el maravilloso beso acabó siendo un ataque a la nariz de Stu en el que la ortodoncia de ella le desgarró un poco de cartílago y la sangre fresca y roja empezó a salir a la superficie como prueba de su desastrosa maniobra.

Stu se llevó las manos a la cara destrozada y, lleno de dolor, dijo: «Pero, ¿tú qué te has creído que soy, uno de los animales del laboratorio? Mejor vuelvo a salir con las chicas del equipo de natación».

Annie quedó horrorizada y no se dio cuenta de que, al día siguiente, a Stu ya se le había pasado la impresión. Pero ya era demasiado tarde; la experiencia la dejó marcada.

Desde aquella cita con Stu, siempre ha creído que es incapaz de un grácil primer paso. Annie llegó a creer tanto en su incompetencia que empezó a evitar el contacto visual en esos momentos de una cita en los que puede surgir un beso. Esto la llevó a sentir un miedo generalizado hacia las citas, y acabó pensando que *nunca* se sentiría cómoda, que *siempre* estaría sola. Permitió que una única experiencia negativa se convirtiera en un destructor de la autoestima. Afortunadamente, su miedo tan sólo estaba originado por el hábito de pensar que podía acabar destrozando la velada.

Para que Annie pueda realizar una triunfante reaparición en el escenario de las citas, en primer lugar debe reconocer palabras clave como «nunca», «todos» y «siempre». Estas palabras pueden advertirle que su crítico patológico la está recluyendo en un mundo de pensamientos absolutos. Annie debe saber que si no se arriesga y no pone a prueba esas conclusiones absolutas y erróneas, nunca podrá descubrir la verdad.

¿La generalización excesiva es uno de los destructores de tu autoestima? ¿Sueles sacar conclusiones amplias y generales basándote en escasas pruebas? ¿Te has fijado en si te expresas o piensas mediante afirmaciones que contengan palabras como «todo», «cada», «siempre» y «nunca», como: «*Nadie* me quiere»?

Si la respuesta es sí, puedes vencer este destructor relajando esos absolutos, buscando descripciones más precisas en lugar de generalizaciones amplias y siendo todo lo concreto que puedas en cuanto a incidentes aislados.

¿Cómo se relajan los absolutos? Bueno, para empezar, intenta buscar una explicación alternativa y detalles clave *específicos* de una situación en concreto. Supón, por ejemplo, que te caen bien tus compañeros de trabajo pero te sientes excluido porque no te invitan a que comas con ellos. Si ya estás cayendo en la trampa de la generalización excesiva, enseguida pensarás: «No le gusto a *nadie*. Aquí *nunca* haré amigos». Escribe las palabras absolutas que utilizas y luego busca pruebas de ello.

A continuación, pregúntate qué pruebas tienes para sacar esas conclusiones absolutas. Busca excepciones y utiliza palabras más precisas como «algunos», «unos cuantos» y «de vez en cuando». Por ejemplo: «A unos cuantos no les gusto. Beth suele preguntarme si he leído algún buen libro últimamente. Ayer Bill se ofreció a acompañarme hasta el coche. Tal vez algunos de mis compañeros de trabajo podrían convertirse en amigos si intentase acercarme más a ellos».

Al poner a prueba las generalizaciones, descubrirás que nuevas opciones y posibilidades se abren frente a ti.

El pensamiento polarizado

Con este destructor de la autoestima nunca tienes más que dos opciones: blanco o negro, bueno o malo. Haces hincapié en este tipo de opciones excluyentes y percibes todas las cosas y a todas las personas según los extremos, dejando muy poco espacio para un territorio intermedio. Las personas o bien son maravillosas o bien no valen la pena, son o emocionantes o aburridas. Si te ponen una multa por exceso de velocidad, eres un conductor pésimo. Si un amigo no te devuelve una llamada, es un irresponsable.

El auténtico peligro que entraña este tipo de pensamiento es que finalmente acabarás por juzgarte a ti mismo según esos mismos patrones irreales, y es imposible llegar a estar siempre a su altura porque no dejan lugar para equivocaciones.

Lucy, por ejemplo, creía que las personas que expresan su ira y gritan «pierden el control» y «son horribles». Estaba convencida de que todo el mundo debía ser capaz de mantener la compostura, y que conservar la calma equivalía a ser «buena» persona. A menudo solía oír a los vecinos del piso de arriba peleándose, lo que le hizo llegar a la conclusión de que eran personas espantosas. Cada vez que se encontraba junto a uno de ellos en los buzones del edificio, contenía la respiración. Cuando era pequeña, en su familia controlaban y contenían todo sentimiento, incluida la ira.

Un día, Lucy le dejó el coche al encargado de aparcamiento de unos grandes almacenes del centro de la ciudad mientras hacía las compras de Navidad. En las tiendas, locos compradores de última hora se dedicaban a aterrorizar a todo el mundo, también a Lucy, que intentó mantener la calma y proseguir con sus recados. La gente le cortaba el paso, le quitaba los artículos de oferta de las manos cuando no miraba, alguien incluso llegó a darle un codazo en el estómago sin pararse a pedir perdón. Pero Lucy se contuvo y prosiguió su camino, mordiéndose el labio inferior de vez en cuando.

Consiguió mantener la compostura. Bueno, al menos hasta que regresó al aparcamiento y descubrió que el encargado había chocado con la furgoneta de otro cliente contra la puerta de su coche. Lucy explotó. Sus cejas se juntaron para formar una V inamovible y la cara se le puso roja de cólera. Cargó contra el chico de uniforme que se había hecho responsable de su coche y le llamó «trabajador inútil y de poca monta», entre otras cosas.

Regresó a casa con la puerta del coche destrozada y llena de desprecio por sí misma. Se sentía fracasada; de repente, se había convertido en uno de ellos, esa gente irascible, malvada y sin control sobre sí misma que nunca había oído hablar de la compostura.

La pobre Lucy era tan crítica con las reacciones normales del ser humano que ni siquiera ella podía escapar a su condena. No podía ver que simplemente había reaccionado de forma exagerada y que, incluso en el momento en que estalló, continuaba siendo una persona esencialmente buena.

La clave para superar un pensamiento polarizado es dejar de emitir juicios del tipo «blanco o negro». La gente no es feliz o desgraciada, afectuosa o arisca, valiente o cobarde, sino que está en un punto a lo largo de una línea continua de diferentes grados. Los seres humanos somos demasiado complejos para catalogarnos de una forma tan estricta.

Si emites juicios del tipo «blanco o negro», si lo ves todo o bien horrible o bien fantástico (sin ningún punto medio), es probable que estés siendo demasiado duro, tanto con los demás como contigo mismo. Para luchar contra el pensamiento polarizado, utiliza descripciones precisas, piensa en porcentajes, intenta buscar y definir las zonas grises. Por ejemplo, Lucy podría haber pensado: «Me he enfadado con el encargado del aparcamiento y lo he pagado con él. Aunque he dicho muchas cosas injustas, en aquel momento estaba siendo un 25% inadecuada y un 75% correcta. Además, la actitud irresponsable del encargado respecto a los daños que le había ocasionado al coche ha hecho aún más difícil que consiguiera controlar mi enfado».

En lugar de pensar sobre la vida en términos absolutos de blanco o negro, debes describir los matices grises precisos. Por ejemplo, imagina que has dado una fiesta y te vas a la cama pensando: «¡Menudo desastre! Todo el mundo se ha aburrido muchísimo y se ha ido pronto a casa». En lugar de eso, intenta ser preciso y pensar en porcentajes: «Nada es absoluto. Aunque un 70% de los invitados se han ido temprano a casa, como mínimo un 30% se han quedado casi hasta las dos de la madrugada, y todos estábamos enfrascados en una conversación muy interesante».

Los filtros

¿Nunca has tenido la sensación de que todo lo que oyes es negativo? Puede tratarse de un gran destructor de la autoestima. Tan sólo eres capaz de ver y oír ciertas cosas, como las equivocaciones, los rechazos, las pérdidas, etcétera. Es como si tus ojos y tus oídos tuviesen, literalmente, un filtro que deja pasar todo lo malo pero mantiene lo bueno fuera de los límites de tu percepción. Es como pasar por un colador el zumo recién exprimido de una naranja y quedarse sólo con la pulpa.

Si encuentras pruebas de tus defectos, fracasos e insuficiencias en muchas situaciones, mientras que prestas poca atención a tus puntos fuertes y tus méritos, los filtros pueden ser uno de los destructores de tu autoestima. Supongamos que has preparado una cena para tus amigos y que todos te dicen lo mucho que les ha gustado la comida, pero resulta que tu hermano ha comentado que la sopa estaba un poco salada... y todo lo que recuerdas al final de la velada es que se te ha ido la mano con la sal. Ahí tienes un ejemplo de filtro.

Carolyn, por ejemplo, decidió empezar a practicar ciclismo de montaña. Su mejor amiga, Monique, tenía mucha experiencia y se ofreció a salir con ella de excursión para enseñarle algunos trucos. Monique pasó todo el recorrido elogiando a su amiga, alabando su resistencia y velocidad. Carolyn se atrevió a hacer cosas para las que nunca hubiese imaginado que tendría valor, como recorrer con la bicicleta el borde de un precipicio que prometía una muerte horrible sin daba un paso en falso, o ver cómo se le quedaban blancos los nudillos de apretar tanto el manillar al descender embalada por una pendiente llena de raíces y rocas.

Al final de la excursión, Monique le comentó a Carolyn que tal vez debería salir sola a montar en bicicleta para que ir ganando seguridad y así podría atreverse con terrenos más arriesgados. Carolyn miró a su amiga con el terror reflejado en los ojos, pensando: «¿Crees que hoy no me he arriesgado bastante? Si eso era fácil, debo de ser la persona más negada para el ciclismo de la historia de la humanidad. Debo de ser desastrosa, porque creía que me iba a matar por donde hemos ido». Volvió a casa decidida a no volver a montar en bicicleta jamás, convencida de que había resultado ser la persona más enclenque del mundo.

Carolyn sólo tenía en cuenta los comentarios negativos de Monique y los estaba ampliando hasta creer que constituían la única verdad. Se olvidó de los cumplidos y del aliento que le había brindado su amiga. En caso de que éste sea el destructor de tu autoestima, es esencial luchar por conseguir un equilibrio; debes aprender a ver los comentarios negativos en proporción al resto de observaciones. No dejas de tener valor como persona por mucho que alguien crea que aún puedes mejorar.

Si luchas contra los filtros porque sólo tienes en cuenta equivocaciones, defectos y fracasos, necesitas modificar tu perspectiva y buscar una realidad más equilibrada y positiva en toda situación.

Las etiquetas generales

Las etiquetas generales son un destructor de la autoestima que habitualmente te pondrán en el lugar del tonto o del malo de la película. La gente que utiliza etiquetas generales aplica estereotipos a grupos enteros de personas, cosas, comportamientos y experiencias, además de a sí mismos. Este destructor de la autoestima está emparentado muy de cerca con la generalización excesiva, sólo que en lugar de crear una norma, crea una etiqueta. Las etiquetas constan normalmente de palabras peyorativas, así que manténte alerta si utilizas descripciones negativas respecto a tu aspecto físico, rendimiento, inteligencia y demás: «Mi vida amorosa es un desastre», «Soy un fracasado», «Soy un neurótico».

Judy, por ejemplo, se etiquetó a sí misma de egoísta sin pensárselo dos veces. Estaba tan acostumbrada a verse bajo esa luz, que perdió toda perspectiva y no se daba cuenta de que en realidad era una persona compasiva y agradable para casi todos los que la conocían.

La familia más cercana de Judy era de Chicago y, sin embargo, ella vivía en Nueva York. Por eso, gran parte de su relación con ellos se basaba en conversaciones telefónicas y mensajes de correo electrónico, breves momentos para ponerse al día unos con otros. Casi todo lo que sabía Judy de sus dos hermanos mayores, que aún vivían en Chicago, le llegaba a través de sus padres. Ella sentía una gran admiración por sus hermanos, pero tenía la sensación de que siempre era la última en enterarse de los grandes acontecimientos que tenían lugar en su vida. Judy daba por sentado que el motivo era que no se esforzaba lo suficiente. En esencia, se veía como la hermana «mala» que se había trasladado a otra ciudad y que seguramente merecía estar al margen de cualquier noticia familiar.

Unas Navidades en concreto, Judy llamó a casa para desear felices fiestas a todos. Sus dos hermanos estaban allí y se turnaron para hablar con ella por teléfono. Estuvieron riéndose y se explicaron anécdotas de la oficina, de gente con la que habían salido, de películas. Al colgar se sentía más cerca de ellos y un poco menos culpable por haberse ido tan lejos. Sin embargo, por la noche volvió a sentir la punzada de siempre al intentar conciliar el sueño, se repetía que era «egoísta por haber abandonado a su familia al ir en busca del éxito profesional a Nueva York».

A la mañana siguiente, su madre llamó por teléfono y le dijo que su hermano Rob se había quedado dormido con un cigarrillo encendido en la boca y que había ardido media casa. Judy se sintió muy mal por su hermano, sabía que debía sentirse culpable, y aún peor por sus padres, que tenían la casa prácticamente destrozada. La culpa la consumía; si hubiese estado en casa, siendo la buena hija que sus padres merecían, de algún modo podría haber evitado todo lo sucedido. ¡Se sentía tan lejos, tan impotente!

Llamó a Rob para ver cómo llevaba la situación. Su voz sonaba fría y distante; ni siquiera quería admitir que se sintiera culpable. Insistió varias veces en que sus padres tenían la casa asegurada y que no habría demasiados problemas. Judy no podía creer lo que estaba oyendo, todo lo que podía pensar era: «Rob ni siquiera puede hablar conmigo porque no se siente apegado a mí. Cree que me fui de allí porque no me importa nada. Y debe de ser cierto; soy una egocéntrica que no se preocupa lo suficiente por su propia familia».

Judy se etiquetaba teniendo en cuenta su lado independiente, aunque no necesariamente egoísta. Pero insistía en aplicar etiquetas generales y utilizaba comentarios peyorativos para describir toda su personalidad: era una *desconsiderada* por haberse ido tan lejos; era una *egoísta* por no estar con su familia cuando había ocurrido algo tan grave.

Cuando se tienen problemas con este destructor de la autoestima, se utilizan amplias etiquetas negativas como «estúpido», «egoísta», «feo», «débil», «torpe», «desastroso», etcétera. Los verbos también pueden funcionar como etiqueta general: «perder», «fracasar», «malgastar», «desagradar». Al luchar contra las etiquetas generales, hay que expresarse con precisión y darse cuenta de que esa etiqueta se refiere tan sólo a una parte de tu persona o de una experiencia. Si te miras al espejo y todo lo que ves es una persona *fea* y con problemas de sobrepeso, vuelve a mirar. Debes pensar: «Un momento, vamos a ser más precisos; ése no soy yo, sólo es una etiqueta. ¿Dónde quedan los cumplidos que recibo sobre mi pelo brillante y sedoso? ¿Y ese color tirando a marrón grisáceo tan excepcional de mis ojos? Y mi firme barbilla. A lo mejor peso siete kilos más de lo que debería, pero el peso es sólo una parte de mi aspecto».

La lectura del pensamiento

La *lectura del pensamiento* es un destructor de la autoestima con el que se da por sentado que todo el mundo piensa de la misma forma que tú. Lo cierto es que se trata de un hábito fácil de adquirir porque se basa en la proyección: la creencia de que los demás comparten tus opiniones negativas sobre tu persona.

Miremos a Maria, por ejemplo. Su novio tenía un trabajo muy estresante en la lonja del puerto. Sam pasaba gran parte del día repitiendo los pedidos de los clientes a voz en grito mientras autobuses y turistas no dejaban de pasar por medio. Cuando llegaba a casa por la noche sólo tenía una cosa en la cabeza: relajarse. Maria, por su lado, trabajaba como guarda forestal y se pasaba los días conversando en silencio con las peludas bestezuelas del bosque, que normalmente no mostraban especial interés por sus divagaciones.

Maria llegaba a casa todas las noches dispuesta a compartir su día con Sam. Quería contarle lo mucho que odiaba a los excursionistas descuidados que dejaban basura en las zonas de acampada, a los adolescentes que dejaban envoltorios de comida rápida y latas de cerveza tirados por todo el parque, y también lo mucho que disfrutaba con el cambio de tonalidades de los árboles y siendo testigo de los primeros pasos de un cervatillo. Sam la escuchaba en silencio, sólo le dedicaba un par de palabras como respuesta. A veces cerraba los ojos y se imaginaba el bosque.

Maria, que ya se creía aburrida, le leía el pensamiento a Sam y sabía que él también la encontraba soporífera. Cuando le veía cerrar los ojos, se enfadaba mucho y enseguida terminaba de contar su historia. Ni siquiera se le ocurrió cuestionárselo. Su conclusión era lógica, aunque no precisa. Pensaba que Sam la veía a través del mismo cristal oscuro por el que ella se veía a sí misma.

La lectura del pensamiento es peligrosa, porque los defectos que tú no soportas de tu persona rara vez son tan importantes para los demás. A menudo son completamente invisibles. Lo cierto es que te irá mucho mejor si evitas sacar conclusiones sobre la actitud de los demás hacia ti. No supongas nada y mantén siempre una mentalidad abierta, al menos hasta que encuentres pruebas reales en lo que ellos te digan. Intenta no olvidar que tus ideas sobre los demás son sólo hipótesis que tienes que comprobar... preguntando. Verificar las suposiciones que has leído en el pensamiento de otra persona puede protegerte de serios golpes en la autoestima.

Cuando Maria veía que Sam cerraba los ojos, podía haberle preguntado qué le sucedía. Si hubiese sabido lo mucho que le gustaban sus descripciones del bosque... Pero intentando leerle el pensamiento en lugar de comunicarse con él, acabó por sentirse herida sin ningún motivo.

La lectura del pensamiento tiene lugar cuando presupones conocer lo que los demás sienten y piensan. Si alguien dice o hace algo que te lleva a pensar que no le gustas, haz un esfuerzo por encontrar pruebas. ¿Qué es lo que te ha dicho, si es que te ha dicho algo? Imagina, por ejemplo, que has entendido mal la actitud que tu suegra tiene contigo y crees que no aprueba que te hayas casado con su hijo o su hija. A pesar de que te pueda parecer cierto (a juzgar por la forma brusca en que te trata a veces), continúa siendo necesario que confecciones una lista mental con otras posibles interpretaciones. Encuentra un modo de comprobar lo que te preocupa. Utiliza preguntas como: «Tengo la sensación de que no estás contenta conmigo por alguna razón. ¿Es así?».

Recuerda, nunca des nada por sentado. Cuando te descubras leyendo el pensamiento de alguien, es muy importante que busques pruebas, hagas una lista de posibles interpretaciones y luego las compruebes directamente con esa persona.

Los «debería»

¿Crees que deberías tener más confianza en ti mismo? ¿Que siempre deberías sentirte a gusto con los demás? ¿O que deberías ser el amante, amigo, o trabajador perfecto? Si todo esto te resulta familiar, es posible que estés infestado del destructor de la autoestima del «*debería*».

Con esta pauta de pensamiento, sigues una lista de reglas estrictas; cualquier desviación de la regla está mal. Y si no consigues mantenerte a la altura de lo que esperas ser, tu sentimiento de valía personal se ve derrotado.

Tomemos a Jane como ejemplo. Este año, Jane se ha ocupado de organizar la fiesta de Navidad que se celebra todos los años en su empresa. Los primeros cinco años que había trabajado allí, había visto cómo el director de la oficina conseguía cuatro cosas de aquí y de allá en el último minuto para montar una fiesta un tanto cutre (y en la misma oficina, por supuesto). Según su criterio, la comida era horrible, la música daba vergüenza y la decoración parecía de fiesta de barrio.

Al final, Jane se ofreció como voluntaria para encargarse del asunto. Tenía una visión muy clara de cómo *debería* estar todo. Dos semanas antes de la fiesta, empezó a organizar todos los detalles. Repartió notas en las que pedía a todo el mundo que trajera un plato en concreto. Así, el menú estaría equilibrado entre platos de comida y postres. Como ella no bebía, se olvidó por completo del alcohol. También llamó al local comunitario del ayuntamiento para reservar un día, pero no quedaban plazas libres. Aunque pensaba que la fiesta debería tener lugar fuera de la oficina, Jane se conformó porque no había otro remedio. Además, se consolaba con pensar que todo lo demás sería perfecto.

El día de la fiesta, Jane se sentía muy satisfecha consigo misma porque ya veía lo que iba a ser una tarde muy agradable. A eso de las cuatro, se dio cuenta de que mucha gente no había ido a trabajar, pero estaba segura de que aparecerían más tarde, cada cuál con el plato que le había sido asignado.

Pero, claro, las cosas no resultaron ser como Jane las había imaginado. Todos los que debían llevar un postre tenían otras cosas que hacer, así que dejaron la fiesta sin una pizca de azúcar. Y como Jane no había pensado en el alcohol, aquella era una reunión sin bebida. Los invitados empezaron a marcharse a casa después de media hora de ensalada de tofu y agua mineral.

De pronto, Jane se dio cuenta de que su fiesta había sido un fracaso. El resto de la tarde lo pasó en callada desesperación, contando los minutos que le quedaban para poder meterse en el coche y escapar de allí. Los «debería» empezaron a lloverle encima: «Deberías haberlo organizado mejor. Deberías haber preguntado a la gente qué quería. Y para empezar, no deberías haberte metido en todo este lío.»

Las altas expectativas de Jane acerca de cómo tenía que ser la fiesta de Navidad, de qué debería haber hecho el director de la oficina los años anteriores y de cómo debería haber organizado ella la fiesta este año la llevaron a caer en la trampa de este gran destructor de la autoestima. Para combatir este patrón de pensamiento, Jane debe volver a revisar sus reglas personales sobre cómo deberían ser las cosas y aprender a tener expectativas más flexibles.

Al igual que Jane, puede que sufras la tiranía de los «debería», que hacen que te desprecies si no puedes mantenerte a su nivel. La respuesta es examinar todos y cada uno de esos «debería» para ver si son lo suficientemente flexibles y realistas. También es importante comprobar si reflejan tus genuinos valores personales, o si son una creencia que te ha inculcado tu familia (o tus amigos). Pregúntate: «Siendo yo quien soy y viviendo como vivo, ¿me ayuda o me hace daño?»

Piensa en un «debería» que te venga mucho a la cabeza en los últimos días. A continuación, enfréntate a este destructor de la autoestima, pregúntate si puedes mostrarte más flexible. Comprueba si ese «debería» representa un valor propio o es un valor que has adoptado sin ningún tipo de reflexión. ¿Lo estás aplicando de forma demasiado estricta dada la situación en que te encuentras?

Imagina que estás en el primer semestre de la universidad, por ejemplo, y que tus notas son dos 10, tres 7 y un 6-. Como siempre has sido bastante buen estudiante en el colegio, inmediatamente crees que todas tus notas deberían ser A. Sientes que deberías intentar alcanzar mejores notas académicas o, de lo contrario, no eres más que un estudiante mediocre. Puede ayudarte pensar lo siguiente: «¿De verdad pienso eso acerca de mis notas? Sé que soy inteligente y que he trabajado mucho. ¿Me estoy juzgando de forma irreal y demasiado dura? ¿Esas altas expectativas están dañando mi autoestima?». Si es así, haz que tus expectativas sean más flexibles y adopta un punto de vista más realista para valorar la situación en la que te encuentras.

La culpabilidad

La culpabilidad es un destructor de la autoestima que hace que te culpes de todo cuanto sucede. No importa lo más mínimo si ha sido culpa tuya o no: te culpabilizas de cosas sobre las que casi no tienes control. Puede que te culpabilices por el estado de tu salud, por tu aspecto físico, hasta por tus relaciones con los demás, etcétera. A pesar de que es bueno responsabilizarse de la vida de cada uno, llevas eso hasta un extremo y te ves patológicamente responsable de todo cuanto sucede.

Una buena táctica para reconocer este destructor de la autoestima es percatarte de si te disculpas constantemente. Tu amigo ha llegado tarde, pero tú te disculpas porque eso te haya molestado. Tu jefe te pide que hagas unos pequeños cambios en tu proyecto y tú le dices: «Siento haber entregado un trabajo tan malo». Éste es un hábito que puede taparte los ojos frente a tus buenas cualidades y talentos personales. Si aún eres buen amigo de todos tus compañeros de piso de la época de la universidad, excepto de uno que nunca te devuelve las llamadas, enseguida sacas la conclusión de que no debes de estar a la altura de esa persona. Sin embargo, en la realidad, no siempre eres tú la causa de las acciones de los demás.

Rebecca trabajaba en el periódico de una pequeña localidad en el que publicaba una columna semanal. Sus artículos resultaban estimulantes para muchos lectores, que se animaban a escribir cartas al director. Algunas veces coincidían con su punto de vista y otras no, pero muchos de los lectores que no estaban de acuerdo con ella hacían especial hincapié en que, a pesar de todo, respetaban su opinión. En general, sus jefes estaban muy satisfechos de su trabajo y disfrutaban con su compañía en la oficina.

A pesar de que parecía sentirse muy segura, interiormente Rebecca no lograba aceptar su condición real de columnista respetada. Cada vez que algún lector le discutía la veracidad de los datos o cuestionaba su imparcialidad, ella se culpabilizaba de inmediato por no ser lo bastante minuciosa o perspicaz. Si su supervisor le preguntaba por algún detalle de uno de sus artículos, pedía perdón y se sentía culpable incluso antes de saber si se había equivocado o no.

Rebeca consideró que la situación resultaba incómoda para sus compañeros de trabajo; no querían hacerle preguntas que sólo provocarían una disculpa. Su costumbre de culpabilizarse por todo acabó siendo un obstáculo; nadie le dirigía comentarios que le habrían resultado útiles porque anticipaban su incapacidad de aceptar una crítica constructiva. Incluso llegó a perder oportunidades por ese hábito de negación personal.

No obstante, Rebecca puede aprender con facilidad a controlar su mala costumbre. El hecho de que se disculpe por cualquier cosa de forma instintiva es el indicio más inmediato. Puede aprender a encontrar un punto medio entre sentirse responsable y sentirse culpable. Si sospechas que estás cayendo en el hábito de la culpabilidad, oblígate a comprobarlo. No tienes por qué desmoralizarte si tienes algún defecto; es normal, les sucede a todos los seres humanos. Todo el mundo puede mejorar áreas de su persona, pero los defectos no son el reflejo de una culpa innata.

El sentimiento de culpabilidad tiene lugar cuando te castigas por cosas de las que no tienes la culpa. Te culpas por ser despistado, por no tener un trabajo mejor, por no ser mejor padre, por no apoyar lo bastante a tu pareja, etcétera. Incluso te culpas por cosas sobre las que sólo tienes un control relativo, como el mal estado de tu salud o la forma en que los demás reaccionan frente a ti. Un ejemplo muy clásico de sentimiento de culpabilidad es no poder «recuperar la alegría» tras una temporada en la que te has sentido algo deprimido. De alguna forma, te sientes desconectado, solo, y te culpas por ello: «Yo tengo la culpa de que la gente no soporte estar conmigo».

Deja de torturarte. Intenta recordar que siempre has hecho todo lo que has podido. Reconoce el esfuerzo que dedicas a todos los días de tu vida. Recuerda que tus miedos, tus esperanzas, tus habilidades, tus conocimientos, tu dolor y los condicionantes del pasado te afectan tanto a ti como a tus decisiones. Has tenido que hacer frente a muchísimas cosas.

La falacia del control

Este destructor de la autoestima deriva de una falsa sensación de omnipotencia. Luchas por conseguir el control de todos los aspectos en cualquier situación en la que te encuentres. Si algo sale mal, estás totalmente convencido de que podrías haberlo evitado. Te consideras responsable de que tu hijo se haya peleado en el colegio, de la neumonía que padece tu madre, del resultado de un proyecto en el que han participado siete compañeros de trabajo y de que hacienda te haya hecho una inspección.

El resultado de todo esto es que tu autoestima sufre de una preocupación excesiva por las acciones de los demás. Deberías sospechar que tu crítico patológico utiliza esta falacia si piensas cosas como: «Tengo que conseguir que lo entiendan», o «Me aseguraré de que diga que sí».

Lucinda y Will empezaron a vivir juntos cuando aún iban a la universidad. Mientras iban a clase y llevaban un estilo de vida de estudiantes, eran compatibles. Se levantaban, llegaban sonámbulos a la cafetería, entraban por fin a la biblioteca al final de la tarde... Aquel ritmo les iba bien a ambos. Sin embargo, poco después la graduación, Lucinda ya se sentía preparada para más.

Quería tener planes de futuro y meterse de pleno en una carrera profesional que la llenara. Pensaba en tener hijos algún día, y una casa, y un coche al que no tuviese que darle patadas por la mañana para conseguir ponerlo en marcha. Todas esas cosas parecían naturales. Pero cuando miraba a Will, se afligía cada vez más. Él continuaba levantándose y yendo medio dormido hasta la cafetería, miraba muy por encima las páginas de ofertas de trabajo de camino a casa y aún trabajaba en una tienda de bicicletas.

Antes de que se dieran cuenta, habían pasado dos años del día de su graduación. Lucinda tenía el día ocupado dirigiendo un local social para mujeres. Will aún cambiaba ruedas pinchadas en la tienda de bicicletas. Ella le preguntaba a menudo qué planes tenía para el futuro y él le prometía que las cosas pronto iban a cambiar. Ella se sentía resentida y fracasada cada vez que pensaba en la vida de Will. Se decía: «¿Cómo puede ser tan feliz? ¡No hace nada! ¿Es posible que no le importe que tengamos que ir siempre en mi coche porque no podemos montarnos los dos en su bici para ir a ningún sitio?».

Lucinda y Will empezaron a discutir a menudo por la vida que él llevaba. Ella pensaba que era responsabilidad suya sacarlo de su pasividad. Pero, por muchos programas y objetivos que le ayudara a marcarse, Will seguía pasándose el día en la tienda de bicicletas. Lucinda asumió el fracaso de él como un fracaso propio.

En este caso, ella se siente desgraciada porque intenta controlar la dirección que debe tomar él en la vida. Nunca conseguirá cambiar su rumbo; él es el único que tiene poder para tomar esa decisión. Lucinda puede irse o intentar disfrutar con Will tal como es, pero no puede convertirlo en otra persona. Al igual que ella, puede que hayas perjudicado tu autoestima intentando asumir la responsabilidad de cosas sobre las que no ejerces ningún control. Normalmente resulta decepcionante y siempre es un proceso doloroso.

Con la *falacia del control* tiendes a castigarte por cosas que no son responsabilidad tuya. Para luchar contra este destructor de la autoestima, debes deshacerte de los juicios críticos y remplazarlos por otros más equilibrados. Afirma los hechos de una determinada situación sin atacarte, utiliza afirmaciones más realistas, como: «Sólo soy una persona, no puedo controlarlo todo».

Imagina, por ejemplo, que vas a casa de tu madre y la encuentras en estado de pánico porque no ha acabado de hacer las maletas y el autobús del aeropuerto está a punto de pasar. Tu primer instinto es sentirte culpable y pensar: «¡Es culpa mía! Tendría que haber venido a ayudarla a hacer el equipaje». Espera un momento, no es culpa tuya. Deja de tratarte tan mal. Puedes empezar a ayudarla ahora que estás en su casa, pero de nada sirve que te castigues por algo que no era responsabilidad tuya.

Las comparaciones

En un universo en el que te comparas con los demás, cada acción, cada frase, cada acontecimiento parece tener relación contigo. Te tomas el mundo como una cuestión personal. Entras en una sala llena de personas y empiezas a preguntarte quién es el más elegante, el más guapo, el más competente, y muchas cosas más. Esto presiona sobremanera tu autoestima, porque en lugar de gozar de una opinión consistente de tu persona, la forma en que te ves depende de cómo te midas en comparación con todo lo que te rodea. Puede que pienses que te has vestido muy bien hasta que te encuentras con un amigo y decides que está más elegante que tú. Entonces consideras que vas muy mal por el simple hecho de que te ves en contraste con otra persona.

Frank, por ejemplo, siempre había creído que era un tipo inteligente. De pequeño había sido un lector compulsivo, se sumergía en los mundos de los libros que había en su casa. Lo leía todo, desde mitología griega y los clásicos de la literatura, hasta novelas de ciencia ficción y teoría científica. Sentía un interés y una curiosidad general por cualquier tipo de saber. En la universidad, empezó como estudiante de medicina, pero acabó licenciándose en literatura inglesa. Yendo a clase, conoció a su futura prometida, Emily, y empezaron a vivir juntos.

Frank era el encargado de un restaurante muy conocido de la ciudad en la que vivía con su novia. Se ganaba muy bien la vida, así que continuó trabajando allí una vez acabó los estudios. Emily, no obstante, que también se había licenciado en literatura inglesa, consiguió trabajo como crítica literaria en el periódico local. Al principio, Frank creyó alegrarse mucho por su novia, pero poco a poco empezó a darse cuenta de que, por alguna extraña razón, se sentía incómodo cuando le explicaba asuntos del trabajo. Intentó darle apoyo y animarla en toda ocasión, pero cada vez que ella le comentaba que tenía que decidir qué libro iba a escoger o le explicaba algún cumplido que había recibido por su trabajo, Frank notaba que su autoestima iba decayendo más y más.

El oír hablar acerca de los logros de Emily se convirtió en tortura para sus oídos. Los éxitos de ella empezaban a reflejar su falta de expresión intelectual. Cuando Frank veía impreso el nombre de ella en el periódico, lo único que podía pensar era que él trabajaba en un restaurante. Al lado de la vida de ella, la suya parecía una pérdida de tiempo. Debido a que siempre contemplaba su vida en contraste o en relación con la vida de Emily, comenzó que sentir estaba bajo una presión tremenda. Ni siquiera podía definirlo: sólo sabía que le faltaba algo.

Empezó a luchar, a pelearse verbalmente con Emily cada vez que ella le hablaba de su trabajo. La cosa llegó a ponerse tan cruda que él, en un intento por demostrarse que no le importaba lo más mínimo, actuaba como si no quisiera ni oír hablar de nada intelectual. El comportamiento de Frank se volvió ofensivo y muy doloroso para Emily. Ella sabía que era una persona inteligente e interesante, así que su resentimiento la tenía confundida.

Es muy difícil descubrir si has caído en la trampa del destructor de la autoestima de las comparaciones. Una forma de hacerlo es prestar mucha atención cuando alguien te relata sus propias experiencias. ¿Empiezas a juzgar tu vida según lo que ellos te explican? ¿Te ves enseguida como menos o más que el otro? ¿Te sientes fracasado en comparación con esa persona? ¿Sueles sentirte mal cuando te comparas?

Si te comparas incesantemente con los demás en términos de capacidades, rasgos y logros, deberías revisar tu habilidad para encontrar un equilibrio. Busca algo loable de tu persona. En lugar de pensar: «Ella es más guapa y más elegante que yo», di para tus adentros: «Sé escuchar y solucionar problemas, y además soy una amiga entregada». Es preciso que te concentres en reafirmar tu derecho a ser como eres, sin disculpas ni juicios. Si vas al cine con un amigo que siempre hace comentarios sofisticados, puedes sentirte tentado a pensar que no sabes nada de cine. Detente, piensa en algo de lo que te sientas orgulloso y deja de martirizarte con comparaciones inútiles sobre quién es mejor.

Cuarta parte
Revisa tu crecimiento

La técnica de la revisión surge del trabajo de John Bradshaw y otros terapeutas y escritores que han estudiado los orígenes de los sentimientos de lástima e insignificancia, las necesidades adictivas y la codependencia. La idea básica es que en tu interior residen yos de diferentes edades: un bebé interior, un niño interior, un adolescente interior, etcétera. Estos yos están «congelados» en diferentes estadios del crecimiento, desconocen la experiencia y las habilidades que has ganado con los años. Mediante técnicas de visualización, puedes dar consuelo, curar y enseñar a estas primeras versiones de ti mismo. De esta forma se reduce el sufrimiento y el efecto negativo de los recuerdos dolorosos.

Revisa tu primera infancia

Mediante la visualización, puedes establecer contacto con tu bebé interior a la edad más tierna e imaginar que recibe el cariño y los cuidados adecuados de tu yo adulto. Se trata de rehacer la película de tu vida, volver a escribir las escenas tristes y darles un final feliz.

Tu inconsciente no cree en el tiempo, para él las cosas que ocurrieron cuando tenías seis meses pueden ser tan importantes y estar tan presentes como lo que sucedió ayer mismo. Esto significa que en lo más profundo de tu interior sobrevive un yo bebé, intacto y con todos sus detalles, que no tiene noticia alguna de posteriores versiones de ti. Para aprovechar este ejercicio al máximo, graba las instrucciones en una cinta y escúchalas para no tener que recordar todos los pasos y frases.

Túmbate, cierra los ojos y relájate. Examina tu cuerpo de la cabeza a los pies y relaja todos los músculos que encuentres en tensión. Concentra tu atención en la respiración y deja que se vuelva lenta y profunda.

Cuando estés en calma y relajado, imagina que te encuentras frente a la casa en la que vivías al nacer. Fíjate en el tamaño del edificio, la forma, el color, la textura. Mira el paisaje que recuerdas, o los coches que pasan por la calle. Siente cómo el sol calienta tu piel, el frescor de la brisa, los trinos de los pájaros, los ladridos de los perros o el ruido del tráfico.

Entra en la casa y busca la habitación en la que dormías de recién nacido. Si no sabes cómo era, imagina la habitación más antigua que recuerdes. En la habitación hay una cuna. En la cuna duerme un bebé. Ese bebé eres tú.

Mira tus deditos, las uñas perfectas, la pequeña boca, el suave pelo de bebé que tenías. ¿Qué clase de pañal o de pijama lleva el bebé? ¿De qué color es la manta? Cuantos más detalles añadas, más real te resultará este momento.

Ahora imagina que tu yo bebé se despierta y rompe a llorar. Escucha cómo el llanto de protesta se oye cada vez más alto. Ves a tu madre, a tu padre o a quien te cuidara, entrar en la habitación. No pueden ver a tu yo adulto, eres invisible. Te das cuenta de que tu madre, o tu niñera, no es capaz de satisfacer las necesidades de tu yo bebé: está impaciente, se enfada, le trata con brusquedad y poco cuidado, no le acuna en sus brazos ni le habla, no se da cuenta de que necesita que le cambien los pañales o de que tiene hambre. Mira y escucha cómo tu yo bebé no cesa de protestar.

Ahora imagina la escena de nuevo. Haz retroceder la película hasta cuando el bebé se despierta. En esta ocasión, te acercas al bebé que llora desconsolado y lo tomas en tus brazos. Acúnalo y abrázalo, dale un poco de leche del biberón. Háblale y verás cómo se calma, sonríe y te mira con una expresión de satisfacción y maravilla angelical. Dile a tu yo bebé frases como:

- Bienvenido al mundo.

- Me alegro de que estés aquí.

- Me alegro de que seas un chico (o una chica).

- Nunca ha existido nadie igual que tú.

- Te quiero tal como eres.

- Nunca te abandonaré.

- Me ocuparé de conseguir todo lo que necesites.

- Actúas de manera adecuada para la edad que tienes.

- Aún no tienes que tomar ninguna decisión.

- Haces todo lo que puedes por sobrevivir.

Abraza a tu yo bebé otra vez y déjalo en la cuna. Dile adiós y prométele que volverás pronto. Da la vuelta y sal de la habitación.

Haz retroceder la película una vez más e imagina que eres tu yo bebé, arrullado, alimentado y querido por el padre perfecto, tu yo futuro. Intenta sentir lo vulnerable, desprotegido y dependiente que eras entonces.

Cuando estés listo para terminar la visualización, recuerda dónde estás y abre los ojos. Éste es un ejercicio muy bueno para esos momentos en que te sientes desbordado e inseguro.

Revisa tus años de niñez

Mientras eras pequeño, los mensajes que recibías de tus padres conformaban tu sentimiento básico de valía personal. En esta visualización te verás como cuando tenías dos o tres años, y te dirigirás mensajes que te darán autonomía y seguridad. Se trata de darte una oportunidad para contrarrestar las experiencias de vergüenza y desasosiego de la niñez.

Para tu inconsciente, lo que te ocurrió a la edad de dos o tres años tiene tanta vigencia y relevancia como las noticias del día. En tu interior se esconde un niño pocos años que aún siente el dolor de las heridas y los miedos que tanto le marcaron a esa edad. Ahora puedes regresar al pasado y apaciguar esos sentimientos que apenas recuerdas.

Para aprovechar al máximo la visualización, graba las instrucciones de manera que no te veas obligado a memorizarlo todo. Túmbate, cierra los ojos y relájate. Comprueba el estado de tu cuerpo, comienza por la cabeza y ve bajando hasta los pies, busca músculos en tensión y haz que se relajen. Respira profunda y lentamente, vas entrando en un estado de relajación completa.

Cuando estés relajado, imagina que te encuentras frente a la casa donde vivías de niño. Fíjate en los colores y las formas del edificio que se levanta frente a ti. Presta atención al día que hace, los sonidos que escuchas y todo lo que te rodea.

Entra en la casa y mira a tu alrededor. Fíjate en algún mueble o algún juguete que recuerdes en especial. Si los detalles son algo difusos, inventa alguno que sea verosímil. Ahora visualizarás una de las primeras escenas de la que tengas memoria. Escoge un momento en el que estuvieras triste o sucedió algo que te hizo daño. Puede ser un recuerdo auténtico o una historia que tu familia te haya contado en alguna ocasión. No te preocupes si algún detalle no encaja a la perfección, el ejercicio dará resultado de todas formas.

Te ves es esa situación. ¿Cómo vas vestido? ¿De qué color tienes el pelo? ¿Lo llevas largo o corto? ¿Empiezas a parecerte a alguno de tus hermanos, o a tus padres? Mira cómo transcurre esa escena dolorosa; rompiste algo, alguien te dejó solo, te riñeron o te pegaron. Siente lo afectado que está tu niño interior. Concéntrate en los detalles: lo que se ve, los sonidos, los olores, los gustos, las sensaciones.

Cuando termine el episodio desagradable, llévate a tu yo niño a otra habitación o a algún otro lugar y dile:

- Yo soy tú, vengo del futuro, cuando ya hayas crecido.

- Te quiero.

- Nunca ha existido otro niño (o niña) igual a ti.

- Me gustas tal y como eres.

- Nunca te abandonaré.

- Te comportas de forma natural para tu edad.

- No es culpa tuya. No tienes control sobre la situación.

- Haces cuanto puedes por sobrevivir a esta mala experiencia.

- Es completamente lícito querer explorar.

- Te protegeré mientras aprendes a manejarte en el mundo.

- Disfruto cuidando de ti.

- Tienes derecho a decir no.

- Es normal sentirse enfadado, asustado o triste.

- Disfruto mucho viendo cómo creces y te conviertes en un adulto.

Abraza a tu niño interior, dile adiós y prométele que volverás a verle pronto. Da la vuelta y sal de la habitación.

Ahora «rebobina la cinta» y repite dos veces más la visualización. La primera vez que repitas el ejercicio, imagínalo desde el punto de vista del niño. La segunda vez, imagina de nuevo que eres el niño, pero ahora ya sabes que sobrevivirás, que todo saldrá bien. En esta última versión, imagínate actuando con más calma y valentía en la difícil situación.

Cuando estés preparado para terminar la visualización, recuerda dónde te encuentras y abre los ojos. Repite el ejercicio con todos los recuerdos dolorosos que tengas de los dos o tres años de edad, o practícalo cuando te sientas abandonado, deprimido o avergonzado.

Revisa los años de preescolar

Con esta visualización puedes alterar la película de tu vida entre los cuatro y los seis años. Serás capaz de reprogramar por completo las creencias sobre tu capacidad y tu competencia que se formaron a tan temprana edad.

Recuerda que en tu interior, tu inconsciente retiene una versión de ti que no sabe nada más allá de la guardería. Puedes ponerte en contacto con ese yo y corregir los conceptos sobre tu persona que se formaron en la mente mágica pero desinformada de un niño en edad preescolar. Para conseguir que la visualización cause el mayor efecto posible, graba las instrucciones y escucha la cinta para concentrarte así en la relajación y los recuerdos.

Échate, cierra los ojos y relájate. Examina tu cuerpo con un ojo imaginario, de la cabeza a los pies, y relaja todos los músculos que encuentres tensos. Respira cada vez más lentamente, cada vez más profundamente.

Cuando estés relajado, imagina que te encuentras ante la casa en la que vivías cuando tenías cinco o seis años, antes de empezar la enseñanza primaria. Fíjate en cómo era la casa o el piso, observa los alrededores. ¿Está en la ciudad o en el campo?

¿Es grande o pequeño? ¿Tranquilo o ruidoso? ¿Está arreglado o desordenado?

Entra en casa y busca a tu yo en edad preescolar. Fíjate en qué llevas puesto. ¿Eres muy alto? ¿Eres delgado o regordete? ¿Están por ahí tus juguetes preferidos? ¿De qué color tienes los ojos? ¿Estás sucio de haber jugado en la calle o limpio y reluciente después de haberte bañado? Construye una imagen lo más completa posible de ti mismo.

Recrea una escena desagradable que recuerdes de aquella época. Puede tratarse de la pelea con alguien de la familia, esa vez que pasaste tanto miedo cuando tu padre llegó borracho a casa, la ocasión en que tus padres perdieron los nervios y se pusieron histéricos, cuando te perdiste en la feria, o aquel día que el abusón de la guardería te amenazó o se pasó contigo. Siente lo asustado y confundido que está tu yo de edad preescolar, observa cómo tu niño interior intenta comprender las cosas, encontrarles sentido a pesar del miedo y el dolor. Date cuenta de que a tu yo más joven le faltan un saber y unas habilidades que ahora ya posees.

Cuando todo haya terminado, llévate a tu niño interior a un lugar apartado y seguro, y siéntate con él. Dile que vienes del futuro, que puedes ser el buen padre que tanto necesita en ese momento y que puede contar contigo. Rodéale con tus brazos y dile:

- Te quiero.

- Me alegro de que seas un niño (o una niña).

- Eres único en el mundo y me gustas como eres.

- Haces todo lo que puedes.

- Ahora no tiene poder para cambiar lo que ocurre.

- Actúas de forma normal para la edad que tienes.

- Te ayudaré a aprender cómo protegerte.

- Llorar es normal.

- Piensas muy bien por ti mismo.

- Tienes una gran imaginación.

- Te ayudaré a distinguir lo real de lo imaginario.

- Puedes pedir lo que quieras.

- No debes culparte por los problemas de tus padres.

- Puedes preguntarme todo lo que quieras.

Intenta comprender cómo interpreta ese acontecimiento tu niño interior. ¿Qué cree que está sucediendo? ¿Qué significa para su sentimiento de seguridad y su valía personal? Ofrécele una explicación que le haga entender que es inocente y no tiene la culpa de lo que ha sucedido.

A continuación, «rebobina» y repite dos veces más la visualización. La primera vez, imagínalo desde el punto de vista de tu niño interior, siente cómo la confusión o el dolor se apoderan de ti y luego imagina que tu yo del futuro te tranquiliza y te consuela. La segunda vez, imagina ser el niño, pero esta vez ya sabes que sobrevivirás a ello, que lo comprenderás y que todo acabará bien. En esta última versión, imagínate actuando con más calma en esa situación o ese problema y observa lo rápido que te recuperas.

Cuando estés listo para acabar la visualización, recuerda dónde te encuentras y abre los ojos. Puedes repetir este ejercicio con todos los recuerdos que conserves de esa época de tu vida o utilizarlo siempre que te sientas dependiente, avergonzado o culpable.

Revisa tus años de colegio

Con esta visualización consigues corregir aquellas cosas que resultaron mal cuando ibas a primaria. Aunque puede que conserves un vivo recuerdo de haber sido excluido de todos los juegos desde primero a quinto curso, puedes engañar a tu inconsciente y hacerle creer que sucedió de otra forma. Lo que ocurre es que el inconsciente no es un gran admirador de la realidad; lo sucedido en la realidad y lo sucedido tan sólo en tu imaginación es para tu inconsciente exactamente lo mismo.

Es buena idea grabar las instrucciones que siguen y escucharlas mientras estás tumbado con los ojos cerrados. Échate, cierra los ojos y relájate. Recorre todo tu cuerpo de pies a cabeza, busca zonas tensas y relaja los músculos que encuentres rígidos. Respira lenta y profundamente, intenta que tanto tu respiración como tu ritmo cardíaco sean calmados.

Cuando te sientas relajado, imagina que estás en el colegio. Visualiza el patio, el comedor, la clase o el lugar en que recuerdas haber pasado por una experiencia horrible que aún te hace temblar en la actualidad. Fíjate en todos los detalles, en los otros niños, la ropa que llevan, los profesores, los pupitres y las sillas, la pizarra y, sobre todo, en los olores del colegio:

la tiza, el pegamento, las bolsas de la merienda, la lana mojada, los lápices de colores, las virutas del sacapuntas.

Imagina aquel momento doloroso en el que te humillaron delante del resto de la clase, cuando el que tú creías tu mejor amigo te traicionó, cuando los mayores se pasaron contigo, cuando te hicieron sentir tonto, torpe o incapaz.

Al final del episodio, ve con tu joven yo y consuélale. Rodéale con tus brazos y dile:

- Vengo del futuro; soy tú cuando hayas crecido.

- ¿Ves? Lo hemos logrado.

- Te comportas bien en el colegio.

- Yo te defenderé.

- Está bien probar nuevas ideas y nuevas formas de hacer las cosas.

- Puedes decidir por ti mismo.

- Es lícito estar en desacuerdo con los demás.

- Puedes confiar en tus sentimientos.

- Tener miedo es natural.

- Podemos hablar de lo que quieras.

- Puedes escoger a tus propios amigos.

- Tu forma de vestir es cosa tuya.

- Actúas de forma normal para la edad que tienes.

- No tienes muchas opciones en esta cuestión; no puedes hacer nada más.

- Haces todo lo que puedes por sobrevivir.

A continuación, despídete de tu niño interior, prométele que regresaras siempre que te necesite. «Rebobina» y repite la visualización dos veces más. La primera vez, imagina la escena desde el punto de vista de tu niño interior, siente la duda y la frustración, y cómo te consuela conocer a tu yo futuro. La segunda vez, vuelve a imaginar que eres el niño, pero esta vez ya sabes que sobrevivirás, que serás mayor y que la vida te sonreirá. En esta última versión, visualízate actuando con mayor seguridad y competencia en la situación problemática, haciendo caso omiso del dolor, como si no fuese más que un episodio pasajero del melodrama escolar.

Cuando ya estés preparado para terminar la visualización, recuerda dónde te encuentras y abre los ojos. Puedes repetirla con todos los recuerdos desagradables de tus años de escuela, así como en las ocasiones en que te sientas abatido e incompetente, juzgado por la mirada omnipresente de alguna figura autoritaria.

Revisa a tu adolescente interior

Incluso las personas que gozan de una alta autoestima recuerdan momentos desagradables de los 11 a los 16 años. Con esta visualización revivirás alguno de esos recuerdos, aportarás la perspectiva y las capacidades de una persona adulta, las que en aquellos momentos no poseías y necesitabas desesperadamente.

Por lo que a tu inconsciente respecta, parte de ti continúa siendo un adolescente. Para tu adolescente interior siguen vivos tu desgarbado entusiasmo, tus complejos y tus frustraciones. Mediante la imaginación, puedes darle a tu yo adolescente una segunda oportunidad en aquella primera cita, una forma de evitar aquel primer accidente de tráfico o un modo de establecer una relación más equilibrada con padres y profesores.

A lo mejor querrás grabar las instrucciones para poder escucharlas mientras te concentras en relajarte e intensificar la visualización. Túmbate, cierra los ojos y relájate. Siente todos los músculos de tu cuerpo, de la cabeza a los pies, y haz que desaparezca todo tipo de tensión muscular. Centra tu atención en la respiración, que debe hacerse más lenta.

Cuando estés completamente relajado, imagina una escena de tu adolescencia en la que sufrieras de una baja autoestima. Puedes imaginar un momento que esté relacionado con el sexo, con problemas en el instituto o con la rebeldía frente a tus padres. Presta atención a lo que se veía y se oía, a la gente que había allí y a la forma en que te comportaste y reaccionaste como adolescente. Métete en la situación e intenta recordar cuantos más detalles mejor.

Observa la escena hasta que termine y llévate a tu yo adolescente a algún lugar seguro donde puedas compartir con él lo que sabes como adulto:

- Vengo de tu futuro; soy tú de mayor.

- He venido a decirte que encontrarás a una persona a quien amar.

- Encontrarás algo que dé sentido a tu vida.

- No estar de acuerdo con tus padres es natural.

- Te estás convirtiendo en una persona independiente.

- Puedes experimentar con el sexo de forma segura.

- Es normal que te sientas confundido y solo.

- Tienes una gran cantidad de ideas nuevas y emocionantes sobre la vida.

- Es normal que ahora te encierres en ti mismo.

- Es natural ser ambivalente.

- No pasa nada por sentirse avergonzado e incómodo.

- Masturbarse está bien.

- Por muy lejos que vayas, yo estaré contigo.

- Te comportas de forma adecuada para la edad que tienes.

- A menudo no hay más remedio en situaciones como ésta.

- Haces todo lo que puedes por sobrevivir.

Busca una forma positiva de interpretar el comportamiento de tu yo adolescente. Abrázale y confórtale. Despídete y prométele que regresarás siempre que te necesite.

Después, vuelve a imaginar la misma situación desde el punto de vista de tu yo adolescente, y deja que tu yo adulto te consuele y te dé apoyo. Por último, vuelve a revivir la escena una vez más, pero actúa como si hubieses tenido entonces todos los conocimientos, la experiencia y las habilidades que tienes como adulto.

Cuando te sientas preparado, recuerda dónde te encuentras y abre los ojos. Puedes repetir esta visualización con todos los recuerdos dolorosos que conserves de tu adolescencia, o utilízala cuando te sientas rebelde, confundido o incomprendido.

Revisa a tu joven adulto

A lo mejor aún te consideras un joven adulto, o tal vez tu juventud pasó hace ya varias décadas. No importa cuánto tiempo haya pasado, seguro que recuerdas algún momento desagradable en el que te sentiste avergonzado, creíste ser incompetente o estúpido al intentar adaptarte a la vida de adulto. Este ejercicio aplica la técnica de la visualización del niño interior a estos recuerdos más recientes.

No olvides que en el inconsciente no existen ni la noción de tiempo ni las limitaciones normales de la realidad lineal. Con la imaginación se puede modificar el pasado y alterar la realidad que el inconsciente recuerda. ¿Nunca has superado un incidente desagradable imaginando los comentarios astutos y los pasos inteligentes de los que te gustaría haber hecho gala? Pues bien, este ejercicio te ofrece la posibilidad de retroceder en el tiempo y hacer que los «podría», «debería» y «habría» se hagan realidad.

Considera la posibilidad de grabar las siguientes instrucciones para no tener que recordarlas durante la visualización. Túmbate, cierra los ojos y relájate. Recorre tu cuerpo en busca de músculos tensos y relájalos de forma sistemática de la cabeza a los pies. Inspira y expira lenta y profundamente, concéntrate en el aire que entra y sale de tus pulmones.

Cuando hayas alcanzado un grado de relajación adecuado, imagina una escena de tus años de juventud en la que rompiste tu relación con alguien, perdiste un trabajo, suspendiste algún examen, tomaste una decisión incorrecta, perjudicaste una amistad o tuviste una experiencia especialmente dolorosa. Imagina la escena con todo detalle; las personas que se encontraban allí, el lugar, todo lo necesario para revivir aquel momento. Utiliza todos los sentidos, el oído, la vista, el olfato, el gusto y el tacto. Observa la escena y fíjate en todo cuanto dijiste e hiciste que contribuyera a aquel desafortunado incidente.

Cuando el episodio termine, ve con tu joven yo a algún lugar y preséntate como una versión más crecida de ti mismo que viene del futuro. Consuela a tu joven yo diciéndole:

- Aprenderás a amar y ser amado.

- Sé que harás muchas cosas importantes en el mundo.

- Puedes alcanzar el éxito en tus propios términos.

- Actúas de forma normal para la edad que tienes.

- Haces todo lo que puedes para sobrevivir.

- A menudo no se tiene otra alternativa.

Añade una interpretación positiva del comportamiento de tu joven yo. Abrázale y dile adiós. Prométele que regresarás siempre que te necesite.

Revive de nuevo la escena desde el punto de vista de tu joven interior. A continuación, repasa de nuevo todo el episodio actuando como lo habrías hecho en la actualidad, con una perspectiva más madura. Felicítate por todo lo que has superado y todo lo que has aprendido en la vida.

Cuando estés preparado, recuerda dónde te encuentras y abre los ojos. Puedes repetir esta visualización con cualquier recuerdo desagradable de tu juventud que te inspire desaliento en el trabajo, con el dinero o en tu vida amorosa.

Quinta parte
En busca de la compasión

Compasión significa literalmente «sentir con». Para encontrar compasión, antes debes aprender a sentir con los demás e intentar comprender sus sentimientos, sus motivaciones, sus miedos y sus esperanzas. De ese modo llegas a la sorprendente conclusión de que todos y cada uno de nosotros, incluso las personas en apariencia malvadas, hacemos lo que nos parece más adecuado en toda situación.

Una vez seas capaz de mostrarte compasivo con los demás, podrás empezar contigo mismo. Eso es algo más complicado. Es mucho más sencillo olvidar o hacer caso omiso de los fallos de los demás que de los propios. Sin embargo, poco a poco comprenderás por qué haces lo que haces y por qué te sientes como te sientes. Por último, llegarás a la idea liberadora de que posees buenas intenciones: siempre haces cuanto puedes según tu compresión de una determinada situación.

Compasión por alguien
que te ha herido

A lo mejor de pequeño jugaste a ese juego de enseñar todas tus cicatrices a los otros niños. ¿Te acuerdas? Siempre era divertido, y muy dramático, porque te ofrecía la oportunidad de relatar la fantástica historia de las aventuras sobre cómo te hiciste cada herida, y de escuchar los relatos de los otros niños.

Las historias que se esconden tras las cicatrices emocionales no son tan divertidas de recordar. Si te han herido emocionalmente (a todos nos ha sucedido), seguro que te ha quedado alguna cicatriz como prueba. Al igual que las cicatrices físicas, las emocionales se pueden ver aunque ya están desgastadas porque se han curado en gran medida.

Por desgracia, muchas personas tienen *heridas* emocionales en lugar de cicatrices. El daño que sufrieron no ha llegado a curarse, las heridas continúan abiertas y son muy dolorosas. Si alguien te hizo daño en el pasado, la compasión puede ser un bálsamo muy eficaz para ayudar a sanar la herida. Comprender, aceptar y perdonar a esa persona le dará a tu herida la oportunidad de curarse y podrás encontrar consuelo para ese dolor que sientes.

La siguiente visualización te permitirá liberar todo el dolor y la ira de esa herida del pasado abriendo tu corazón a la persona que te hirió. Es muy útil grabar en una cinta las instrucciones para escucharlas mientras realizas la visualización. Cuando las grabes, recuerda que debes hablar con lentitud, utilizando un tono suave, calmado y claro.

Siéntate o túmbate boca arriba con las manos relajadas, los brazos estirados y las piernas separadas. Cierra los ojos y respira profundamente unas cuantas veces. Sigue respirando lenta y profundamente mientras buscas puntos de tensión corporal. Cuando encuentres una zona rígida, relaja los músculos y ve entrando en un estado de relajación profundo y agradable. Deja que tu respiración se haga aún más lenta y no emitas ningún tipo de juicio. Acepta cualquier imagen que te venga a la cabeza, aunque al principio parezca no tener sentido.

Imagina que hay una silla frente a ti. Hay alguien sentado, alguien que te hirió de alguna forma. Imagina a esa persona que te hizo daño sentada en silencio en la silla. Fíjate en todos los detalles: si es muy voluminosa, el color de la ropa que lleva y cómo le sienta, en qué postura está. Esa persona te mira con calma, en actitud expectante. Dile:

Eres un ser humano, igual que yo. Cuando me hiciste daño sólo intentabas sobrevivir. Hiciste todo cuanto pudiste teniendo en cuenta tus limitaciones y tu punto de vista en aquella situación. Puedo comprender tus motivos, tus miedos y tus esperanzas. Los comparto porque yo también soy humano. Tal vez no me guste lo que hiciste, pero lo comprendo.

Acepto el hecho de que me hirieses. No me gusta, pero no te condeno por ello. Nada puede cambiar lo sucedido. Te perdono. Tal vez no comparta tu opinión ni apruebe lo que hiciste, pero puedo perdonar. Puedo desasirme del pasado y pasar página. Sé

que no puedo esperar una compensación. Me deshago de todo re-
sentimiento y sed de venganza. Nuestras diferencias son ya agua
pasada. Tengo el poder del presente y puedo perdonarte. Dejo
atrás toda mi cólera.

Sigue mirando a esa persona y ábrele tu corazón poco a poco. Ábrete, dejando escapar la ira y el resentimiento como si fuese una melodía que cada vez se escucha más lejos. Si te resulta difícil sentir empatía o deshacerte de la ira, no te juzgues. Ve a tu ritmo y no te presiones. Cuando estés preparado, di de nuevo: «Te perdono». Deja que la imagen de la persona que está sentada en la silla se desvanezca poco a poco hasta desaparecer.

Esta visualización es especialmente útil cuando alguien se ha portado mal contigo o cuando algún hecho del pasado continúa entrometiéndose en tu visión del presente.

Compasión por alguien a quien has herido

A lo largo de la vida, todos acumulamos equipaje. Aunque hagas todo lo posible por viajar con una sola maleta ligera, a menudo te encuentras cargando con un gran saco de recuerdos que te lastran y hacen el camino más lento y arduo. Para muchos, la maleta más grande, pesada y voluminosa que arrastran a lo largo del camino es la culpa. Lo más frustrante de la culpa es que no hace ningún bien, pero consigue aminorar tu marcha. ¿No desearías deshacerte de parte de ese equipaje?

La siguiente visualización te ofrece la oportunidad de dejar alguna maleta en el camino. Si en el pasado le hiciste daño a alguien y aún cargas con la culpabilidad a cuestas, ahora tienes la ocasión de aligerar tu peso.

Al igual que con cualquier visualización, resulta práctico grabar las instrucciones en una cinta para escucharlas mientras estés visualizando. Recuerda que cuando te grabes, debes hablar con calma, en un tono suave y relajado aunque claro.

Siéntate o túmbate, cierra los ojos y empieza a relajarte. Respira varias veces lenta y profundamente. Continúa respirando profunda y lentamente mientras buscas cualquier tipo de tensión en tu cuerpo. Al encontrar algún músculo tenso, relájalo. Continúa hasta que todo tu cuerpo se sienta pesado, cálido y en reposo. Deja que tu respiración se haga más lenta aún y deja escapar cualquier tipo de juicio. No juzgues las imágenes que te vengan a la cabeza, por mucho que en un principio no parezcan tener sentido.

Con los ojos cerrados y respirando con lentitud, visualiza una silla frente a ti. En la silla hay alguien sentado; se trata de alguien a quien has herido, alguien de quien precisas comprensión, aceptación y perdón. Imagina todos los detalles de esa persona: qué lleva puesto, cómo está sentada, el gesto de sus manos. Obsérvala con toda la claridad de que seas capaz. Esa persona te mira llena de calma y de expectación mientras le dices:

Soy un ser humano, igual que tú. Ambos no hacemos más que intentar sobrevivir. Cuando te hice daño, quería hacer lo que en aquel momento me pareció mejor. Si hubiese tenido entonces la conciencia de las cosas que tengo ahora, habría elegido actuar de otro modo. Sin embargo, en aquella ocasión tan sólo podía hacer lo que hice. Entiendo que te causé daño, y quiero que sepas que ése no era mi objetivo.

Por favor, acepta el hecho de que te herí y que nada va a cambiar eso. Si estuviese en mis manos, desharía lo ocurrido; pero no puedo. Ahora ya nada puede cambiar el pasado. Por favor, perdóname. No te pido que apruebes mi actuación ni que estés de acuerdo conmigo, sólo te pido que me perdones. Quiero que nuestras diferencias sean algo del pasado, pasar página y comenzar de nuevo. Por favor, ábreme tu corazón: comprende, acepta y perdona.

Mientras miras a esa persona a quien heriste, observa cómo se le dibuja una sonrisa poco a poco. Date cuenta de que te comprende, te acepta y te perdona. Deja que la imagen de la silla se vaya desvaneciendo lentamente hasta que la silla quede vacía.

Compasión por ti mismo

A todo el mundo le gusta Wendy. Es el tipo de persona que parece tener una fuente inagotable de amor y generosidad que ofrecer. Es la primera en acoger calurosamente a alguien nuevo y la última en juzgar a nadie. Wendy es la mujer que pasa todos los días de las vacaciones ayudando a su vecino enfermo (el mismo que el año pasado chocó contra su coche cuando iba marcha atrás y dejó los dos automóviles destrozados). Da la sensación de que Wendy puede deshacerse de todo sentimiento negativo, nunca toma parte cuando se culpa a alguien y siempre está dispuesta a perdonar.

Por eso, para todos los que la conocen, resulta tan desconcertante la manera en que ha reaccionado a la expulsión de su hijo del colegio. Está enfadada con él, por supuesto, pero lo más sorprendente es que es incapaz perdonarse a sí misma por los problemas de su hijo. A muchos de sus amigos del trabajo les habla largo y tendido sobre su fracaso como madre, y la evidente depresión en que ha caído empieza a afectar a su labor profesional. ¿Cuál es el motivo de que Wendy pueda perdonar a todo el mundo menos a sí misma?

Uno de los aspectos más difíciles al trabajar en la capacidad de compasión es llegar a sentir auténtica compasión por un mismo. Sin embargo, es esencial, no sólo para sentirte bien contigo mismo, sino para que perdure tu sentimiento de compasión por los demás. La cantidad de compasión que hay en el mundo no es limitada; al contrario, se renueva y aumenta cada vez que alguien la expresa. Por eso la compasión por uno mismo no es tanto indulgencia como necesidad.

Utiliza la siguiente visualización para aumentar la compasión por tu persona. Graba en una cinta las instrucciones para escucharlas durante el ejercicio. Cuando grabes tu voz, utiliza un tono suave, relajado y bajo pero claro.

Siéntate o túmbate y cierra los ojos. Relaja todo el cuerpo mientras respiras lenta y profundamente. Busca cualquier tipo de tensión en tu cuerpo y relaja las zonas rígidas sin dejar de respirar lenta y profundamente. No te detengas hasta que todo tu cuerpo se sienta pesado, cálido y relajado.

Imagina que hay una silla frente a ti. Te ves a ti mismo sentado en ella. Fíjate en todos los detalles de tu aspecto: cómo vas vestido, en qué postura estás sentado, dónde tienes las piernas y las manos. Escúchate decir:

Soy un ser humano. Soy un ser valioso sólo por el hecho de existir e intentar sobrevivir. Cuido de mi persona. Me tomo muy en serio. Siempre me tengo en cuenta. Tengo necesidades y deseos legítimos. Puedo escoger lo que necesito y lo que quiero sin tener que dar explicaciones a nadie. Tomo decisiones y asumo la responsabilidad por ellas. Siempre actúo de la mejor forma que puedo. Cada pensamiento que tengo y cada acción que llevo a cabo es lo mejor de lo que soy capaz en cada momento.

Como ser humano, cometo errores. Acepto mis errores sin sentirme culpable ni juzgarme. Cuando cometo un error, aprendo de él. Soy imperfecto y me perdono por todos los errores que he cometido. Sé que los demás son igual de valiosos e igual de imper-

fectos. Tengo compasión por ellos porque están enzarzados en la misma lucha por la supervivencia que yo.

Visualiza a tu yo imaginario levantándose de la silla y acercándose a tu yo real. Se sienta o se tumba en tu cuerpo, de manera que os fundís en una sola persona. Relájate y descansa. Ahora estás en paz contigo mismo y en paz con los demás.

Compasión por el pasado

Colette no tenía ningún problema para sentir compasión por los demás, e incluso había logrado reunir un ligero sentimiento de calidez hacia su persona presente. No obstante, nunca pudo perdonarse por haberle causado a su exnovio, Randy, un accidente que lo dejó lisiado. Una noche, apareció borracho rogándole a voz en grito que le diera una segunda oportunidad. Ella repetía: «¡Vete, vete, vete, ...!», hasta que por fin se marchó, dejándose los neumáticos en el asfalto al dar marcha atrás y dibujando unas marcas negras en la calle que tardarían tres años en desaparecer. Diez minutos después se saltó una señal de stop y chocó contra un camión. Colette aún se sentía culpable cada vez que veía a Randy cojear por la ciudad.

Tal vez también tú eres capaz de ser compasivo con los demás a la vez que te castigas por cosas del pasado. Sentir auténtica compasión significa perdonar y comprender a los demás... y a veces decirle al crítico que llevamos dentro que se vaya a paseo. Si tu crítico interior no cesa de acosarte con algo que sucedió en el pasado, el siguiente ejercicio te será de gran ayuda.

Escoge algún acontecimiento del pasado que tu crítico patológico haya utilizado para atacarte. Puede tratarse de cualquier evento que catalogaras como malo: no visitar lo suficiente a tus padres, el gran atracón de dulces que te diste la semana pasada, la discusión que mantuviste con un amigo o con un compañero de trabajo.

Ahora reclínate en una posición cómoda y cierra los ojos. Respira varias veces profundamente, busca las tensiones musculares del cuerpo y relaja las zonas que encuentres rígidas. Déjate llevar hacia el pasado, hacia el momento en que tuvo lugar la situación que has escogido. Imagina aquel día y aquel momento con todo el detalle que te sea posible: mira qué ropa llevas puesta, escucha alguna conversación que se oyera en la habitación e intenta sentir cualquier sensación que tuvieses en el momento en que aquello tuvo lugar, ya fuese física o emocional.

Mientras te aferras a la imagen de tu persona en medio de aquella situación, pregúntate lo siguiente: «¿Qué necesidad intentaba satisfacer?». Piénsalo detenidamente. Tal vez intentabas sentirte más seguro, con más control sobre la situación o menos angustiado. ¿Intentabas evitar algún tipo de dolor que tenías presente?

A continuación, pregúntate: «¿Qué pensaba en aquellos momentos?». ¿Cuál era tu perspectiva en aquella situación? ¿Cómo interpretabas lo que sucedía?

Por último, cuestiónate: «¿Bajo la influencia de qué tipo de dolor o de sentimiento me encontraba?». Vuelve a observar el contexto emocional de la situación en conjunto.

Cuando hayas dedicado suficiente tiempo a encontrar respuestas a todas esas preguntas, el siguiente paso es aceptarte y perdonarte por quién eras en el momento en que aquello tuvo lugar. Continúa centrándote en la imagen de tu persona inmersa en aquella situación pasada y dile a la persona que eras: «Desearía que esto no hubiese sucedido, pero intentaba satisfacer mis necesidades. Me acepto sin juzgarme por lo que hice. Me acepto como era en aquel momento ya que sólo intentaba sobrevivir de la mejor forma que sabía». Intenta sentir y creer realmente cada una de estas frases par que penetren en tu conciencia.

Ha llegado el momento de liberarte del pasado. Repite para ti: «No tengo ninguna deuda con aquella equivocación. Ya pasó y puedo perdonarme».

Continúa aplicando este ejercicio a todos los recuerdos del pasado que puedas. Al repetirlo una y otra vez, la compasión por ti llegará fácilmente, de forma casi automática, y te verás libre de las trampas del remordimiento por el pasado.

Escuchar con compasión

Todo el mundo quiere mucho a Mabel porque siempre se muestra muy comprensiva. Entiende que el mecánico no haya podido arreglar su coche a tiempo y que se queje de los incompetentes de suministro de piezas de recambio. Es la única que sabe por qué a su sobrino le gustaría más ser Spiderman que Batman. Ella es a quien acude la tía Rose cuando no puede soportar más el alzheimer del tío Roger. El secreto de la comprensión compasiva de Mabel no es un doctorado en psicología, es que escucha de verdad cuando los demás le hablan.

El ejercicio de tres pasos que presentamos a continuación te ayudará a practicar la técnica de la escucha activa con gran variedad de personas. Al escuchar con atención, intentando comprender a la otra persona, sentirás cómo brota y se expande tu compasión por los demás y por ti mismo.

En primer lugar, practica este ejercicio con un amigo. Dile que quieres mejorar tu capacidad de escucha y pídele que te cuente una historia. Su relato debería narrar un momento importante de su vida: un trauma del pasado, un feliz recuerdo de la infancia o una esperanza de futuro.

Mientras tu amigo te habla, tu tarea consiste en escuchar con mucha atención y formular preguntas sobre los puntos que no entiendas. Pídele a tu amigo que aclare algún momento o que lo desarrolle con más detalle, y anímale a que te explique qué pensaba y cómo se sentía en aquella ocasión. «¿Por qué fue tan importante para ti? ¿Cómo te hizo sentir eso? ¿Qué aprendiste de aquella experiencia?»

De vez en cuando repite con tus propias palabras lo que oyes: «Dicho de otro modo, tú...». Es algo importante porque te ayudará a deshacerte de interpretaciones erróneas que puedas tener y a definir mejor qué quiere decir tu amigo. Deja que corrija tu percepción de la historia e incorpora esos cambios a tu paráfrasis. De esta forma sabrás que has escuchado de manera activa, y tu amigo se sentirá escuchado.

A continuación, avanzamos a un nivel algo más complicado: practicar una escucha compasiva con conocidos. Escoge a personas a quienes no conozcas demasiado bien y practica con ellos la escucha empática sin que se den cuenta.

Sea lo que sea de lo que te hablen, pide que te aclaren algo o que se extiendan en algún punto. Resiste la tentación de interrumpir y empezar a contar una historia tuya. Intenta darte cuenta de cuándo emites juicios sobre esa persona y déjalos de lado. No tienes por qué querer a esa persona; limítate a comprender lo que te explican sin que se entrometa ningún juicio.

Parafrasear lo que se dice es incluso más importante con un conocido que con un amigo. Llegas a conocer de forma más profunda una historia totalmente ajena y desconocida y la otra persona siente que la estás escuchando. Al escuchar de forma activa, pueden surgir en la conversación opiniones y sentimientos verdaderos, ya que la otra persona siente que eres un interlocutor atento e interesado. Si practicas este ejercicio bastante a menudo, es posible que simples conocidos se conviertan en amigos.

El último paso es practicar el ejercicio con completos desconocidos. En una fiesta, o en una reunión, escoge a alguien a quien no conoces, o incluso a alguien a quien sí conoces pero que no te agrada. Empieza a conversar con esa persona y utiliza tus técnicas de escucha activa para comprender lo que tenga que decir. Recuerda que debes escuchar con atención, evitar cualquier tipo de juicio y parafrasear con tus propias palabras.

Cuando estás escuchando a alguien que no te gusta, es muy importante recordar el principio básico de la compasión: todas las personas intentan sobrevivir, igual que tú. Formúlate las tres preguntas que te llevaron a sentir una respuesta compasiva con otra persona: ¿Qué necesidad intenta satisfacer al decir esto? ¿Por qué le hace sentirse mejor consigo mismo? ¿Qué creencias le están influyendo?

Sexta parte
Consigue una visión
precisa de ti mismo

¿Tu mente es un lugar lleno de espejos de feria que agrandan tus defectos y esconden tus virtudes? Si te encuentras perdido en la feria del terror de una baja autoestima, aprender a obtener una visión precisa de ti mismo te conducirá a la salida. Cambiar las costumbres de toda una vida resulta difícil pero puedes conseguirlo: quítate la venda de los ojos, ábrelos bien y dale la espalda a la visión deformada de los espejos de feria que te rodean.

Los ejercicios que encontrarás en esta sección son comparables a escribir una autobiografía o pintar un autorretrato. Aprenderás a evitar escribir un ensayo crítico y pintar una severa caricatura, a relatar la historia de tu vida de forma objetiva y a trazar las líneas de tus verdaderos rasgos. Afirmarás lo bueno, reconocerás lo malo y tomarás conciencia de que la realidad tiene muchos colores, no sólo blanco y negro.

Afirma lo bueno que hay en ti

Desde que el farmacéutico francés Emil Coué introdujo aquello de: «Cada día, en cada momento, me siento mejor y mejor», la gente ha venido utilizando afirmaciones. Es una forma de entrelazar verdades y creencias esenciales con la vida cotidiana. Las afirmaciones diarias pueden reforzar tu sentimiento de valía intrínseca. Cada vez que afirmas lo bueno que hay en tu interior, rechazas antiguos mensajes negativos de tu pasado.

Al crecer recibiste muchos golpes, igual que todo el mundo. Las etiquetas que te colgaron entonces aún te afectan en la actualidad. En lugar de la voz de tus padres, ahora se trata de tu monólogo interior el que susurra: «Eres estúpido», «Eres un vago». Esto recibe el nombre de introyección: tomar juicios de otros y convertirlos en juicios propios sobre tu persona. Las afirmaciones pueden funcionar como escudo contra esa voz crítica. Dejas de escucharla porque en su lugar tienes algo nuevo y positivo a lo que prestar atención.

Echa un vistazo a tu lista de puntos fuertes y cualidades positivas. Selecciona una que ahora convertirás en una afirmación. Debe ser una frase afirmativa y de una sola proposición, como éstas:

- Siempre he sido leal a mis amigos.

- Soy una buena persona.

- Me esfuerzo mucho en todo lo que hago y creo importante.

- Soy una persona generosa.

- Mis manos son fuertes y trabajadoras.

- Tengo una inteligencia creativa y curiosa.

- Se me da bien crear atmósferas agradables.

- Tengo una cara atractiva.

- Soy una persona dulce.

- He conseguido un cuerpo fuerte y sano.

- Soy bueno con mis hijos (padres, amigos, etcétera).

- Siempre intento hacer lo correcto.

- Soy el mejor cocinero en varios kilómetros a la redonda.

- Puedo hacer el crucigrama del periódico del domingo sin ayuda.

Escribe una afirmación cada mañana. Escoge algo de lo que te sientas orgulloso, algo que creas cierto sobre tu persona. Ten en mente esa afirmación durante el resto del día utilizando una señal que te ayude recordarla. Por ejemplo, puedes cambiarte el reloj de muñeca cada día. Cuando mires la hora te acordarás de que debes utilizar la afirmación.

Al convertir las afirmaciones en parte de la vida cotidiana, podrás continuar reforzando tu autoestima.

Busca ejemplos

¿Recuerdas que los profesores de historia solían hacer preguntas sádicas como: «Pon tres ejemplos acerca de cómo influyó la Ilustración en el desarrollo de la política»? El corazón dejaba de latirte en el pecho. Sin embargo, eran preguntas muy bien pensadas, porque para poder encontrar ejemplos concretos debías haber comprendido lo bastante bien un concepto. Este mismo proceso de ilustrar un concepto con un ejemplo puede jugar un papel fundamental en la mejora de tu autoestima. Por ejemplo, afirmar el principio general de que posees un intelecto de naturaleza curiosa y creativa puede resultar útil. Sin embargo, no adoptarás esa afirmación con convencimiento hasta que no hayas identificado varios momentos y situaciones concretos en los que te has mostrado creativo y curioso.

Encontrar ejemplos de todo lo bueno que llevas en el interior es una ardua tarea. No porque falte material, sino porque (al igual que en el caso del examen de historia) se requiere una búsqueda exhaustiva del pasado para encontrar ejemplos particulares de un principio general.

Cada día, empezando desde hoy mismo, escoge un elemento diferente de tu lista de puntos fuertes y afirmaciones (la del ejercicio anterior) para realizar un ejercicio que recibe el nombre de *integración activa*. La integración activa transforma tus puntos fuertes y tus cualidades positivas, partiendo de unas cuantas palabras, en recuerdos concretos. Te ayuda a *creer* que esas cualidades positivas son aplicables a tu persona.

Intenta recordar como mínimo tres ejemplos del pasado que demuestren la fortaleza o la afirmación que has destacado ese día y escríbelos en un cuaderno o un diario. De forma periódica, repasa las anotaciones del diario para recordar que todas tus cualidades positivas se reflejan en la vida real.

Aquí están los primeros tres días del diario de un auxiliar de farmacia.

Afirmación positiva / Punto fuerte:

1. Trabajo bien con las manos.

2. Se me da bien hacer amigos.

3. Soy cuidadoso con los sentimientos de los demás.

Ejemplos:

1. Ayudé a embaldosar el patio de mi madre.
Qué realista es mi maqueta de vías de tren.
Construí la estructura de la cama de Susan (además de los maceteros de su jardín).

2. Lo sencillo que fue conversar con Keith en el concierto.
Cómo ayudé a Nancy a conseguir la autorización de su seguro para comprar ese medicamento antiguo que le recetó

su médico, y al final acabamos hablando largo y tendido sobre nuestros escritores preferidos.

Cómo nos pusimos a hablar Sariff y yo de antioxidantes en el mostrador.

3. No le recordé a Jill lo mucho que odiaba a su padre cuando estaba rememorando los buenos ratos que había pasado con él durante su funeral.

Susan se puso aquel horrible vestido pero tuve la boca cerrada.

No dije nada cuando a Bill se le cayó el batido en mi coche, aunque estaba furioso.

Mírate con honestidad

Un neurocirujano que estaba deprimido le confesó una vez a un compañero de trabajo que, si lo pensaba con detenimiento, su vida era una auténtica chapuza. Su compañero de trabajo quedó estupefacto. «Eres uno de los cirujanos más veteranos de uno de los hospitales más prestigiosos del país. Además, sospecho que cuando te vayas le van a poner tu nombre a un ala del hospital. Por mucho que lo intente, no veo dónde está la chapuza».

Todos estos elogios tuvieron un efecto nulo. «Es una sensación», dijo el doctor. «Es lo que siento acerca de mi vida. Los hechos son irrelevantes.»

Sin embargo, los hechos son muy relevantes, a pesar de que no lo parezca cuando estás deprimido. En este capítulo tendrás la oportunidad de mirarte detallada y detenidamente, verás tus puntos fuertes y tus debilidades, y crearás una imagen más precisa y real de tu persona.

Traza una línea que divida a lo largo una hoja de papel por la mitad. A la columna de la izquierda ponle el título de «Debilidades» y a la columna de la derecha «Puntos fuertes».

Puedes estructurar tu exploración pasando por estas siete áreas esenciales de la vida:

1. Tareas cotidianas
2. Rendimiento en el trabajo
3. Funcionamiento mental
4. Personalidad
5. Aspecto físico
6. Relación con los demás
7. Vida amorosa y sexual

Comienza por redactar una lista en la columna de la izquierda con todas las debilidades que encuentres en estas siete áreas de la vida. Es probable que te resulte muy sencillo. A la mayoría de la gente se le da asombrosamente bien detectar sus propios defectos.

A continuación, utiliza esas siete áreas para construir en la columna de la derecha una lista con todos tus rasgos positivos y tus buenas cualidades. Piensa en las cosas de las que te sientes orgulloso, las ocasiones en las que has cosechado éxitos o has recibido alabanzas. Piensa en tu talento, en todo lo que has llegado a dominar, las situaciones que has superado. Cuenta los premios, trofeos y buenas notas entre tus éxitos. Si la lista no tiene al menos 40 entradas, continúa trabajando en ella hasta que llegues como mínimo a ese número.

A mucha gente no le gusta enumerar sus cualidades positivas porque le parece presuntuoso. Tienen la sensación de que serán castigados de alguna forma por haber tenido el atrevimiento de enaltecer sus puntos fuertes. No dejes que los viejos hábitos de modestia y miedo al ridículo te detengan. Se trata de confeccionar un inventario honesto de puntos fuertes y debilidades. No es justo para ti, ni tampoco útil para este proceso, que redactes una diligente lista de tus defectos si no consigues investigar minuciosamente tus puntos fuertes y tus cualidades positivas.

Una vez hayas terminado, puedes pasar a los siguientes ejercicios de esta sección, ya que todos requieren las dos listas completas.

Deshazte del castigo

Cuando la gente se juzga, a menudo utiliza etiquetas negativas como «estúpido», «gordo», «infantil», «loco», ... Lo que prefieras. Estos términos tienen un poder increíble, y cada vez que los utilizas, hieren de gravedad a tu autoestima. Una mujer que trabajaba de guarda de seguridad lo expresó de esta forma: «Me dan ataques de odio contra mí misma. Es como si fuese una mula dándome coces yo sola. No dejo de repetirme: "Eres imbécil. Lo fastidias todo. Eres ridícula"».

Ya va siendo hora de que dejes de infligirte ese castigo. Mira de nuevo la lista de tus puntos débiles (la del ejercicio anterior, «Mírate con honestidad»). Conseguirás librarte de estos castigos de la autoestima subrayando cada una de las entradas negativas de la lista y sustituyéndola por una frase que sea cierta pero que carezca de las severas connotaciones anteriores. Tomemos, por ejemplo, la palabra «hipócrita». Aparte de asestar un golpe con cuchillo de carnicero a la autoestima, esta palabra implica que eres completamente falso. Eso no es cierto en absoluto, así que debemos cambiar «hipócrita» por términos más neutrales. Por ejemplo: «A veces digo cosas que suenan más halagadoras y positivas de lo que siento en realidad».

Si has escrito en la lista «mofletudo» para describir tu aspecto físico, cámbialo por «mejillas grandes y redondas». «Esquelético» debería tacharse y sustituirse por «muy delgado». «Ignorante» debe modificarse hasta que se convierta en «con poco conocimiento de la actualidad». «Charlatán» debe reescribirse como «participo más de lo que debería en una conversación». En lugar de «vago» debe escribirse «no consigo encontrar la motivación necesaria para estudiar». «Completamente neurótico» podría convertirse en «tengo miedo al rechazo». Enfrentarse a las debilidades de uno no tiene nada de malo, pero comprométete ahora mismo a utilizar un lenguaje que no sea ofensivo.

Este ejercicio es un primer paso primordial en el proceso de «decir la verdad» que aparece en el siguiente ejercicio.

Decir toda la verdad

Intenta describir tus debilidades como si fueses el testigo pericial de un juicio y hubieses jurado decir la verdad, toda la verdad, y nada más que la verdad. Ve con cuidado, porque las palabras son muy mentirosas. Es fácil que se vuelvan contra ti y acabes describiendo tus defectos de forma que los guisantes parezcan ser del tamaño de un planeta y un pequeño error acabe convirtiéndose en una catástrofe.

Utilizar un lenguaje veraz para describir tus debilidades te ayudará a proteger tu autoestima. El lenguaje veraz es preciso en lugar de exagerado, y comprometerse con la precisión implica remplazar términos como «barrigón» por la medida exacta de la cintura. En lugar de catalogarte de «sexualmente pasivo», utiliza una descripción que se ajuste más a la realidad, como «precavido en cuanto a iniciar un contacto sin previas señales de interés». En vez de describirte como una persona «ilógica», podrías afinar un poco y decir que eres «poco razonable cuando te enfadas». Más que «disperso», podrías ser alguien que «se distrae con facilidad por cualquier cosa interesante».

Fíjate en que el lenguaje veraz suele ser menos violento y dañino. Se centra en los detalles específicos en lugar de generalizar. Es muy poco frecuente escuchar una descripción que sea fiel a la realidad y en la que aparezcan palabras como «todo», «siempre», «nunca», «nadie», «todo el mundo», etcétera. El ser específico implica determinar en qué momentos y en qué situaciones en concreto aparece una debilidad; ese defecto se convierte así en algo limitado y particular. En lugar de «un desastre en las labores de casa», puedes ser una persona que «limpia una vez a la semana pero nunca recoge». Más que «completamente desmotivado», podrías expresar de forma más concreta que «escribiste dos relatos y el esbozo de una novela el año pasado, aunque no alcanzaste a escribir todo lo que te habías propuesto». En vez de «perderlo todo», a lo mejor «pierdes las llaves y algún cuaderno de vez en cuando».

Regresa a la lista de tus debilidades y vuelve a escribir cada entrada con palabras más concretas y fieles a la realidad. Si algún punto te resulta especialmente complicado, hazte las siguientes preguntas:

- ¿Cuándo y dónde hago eso?

- ¿Lo hago muy a menudo?

- ¿Bajo qué circunstancias lo hago?

- ¿Con quién lo hago?

- ¿Puedo servirme de un número o una unidad para describirlo?

Busca excepciones

No hay debilidad a la que no se le puedan encontrar excepciones, y muchas incluso pueden tener sus puntos fuertes correspondientes. Un padre que no se quería a sí mismo, y que firmaba con el nombre de «Aguafiestas», escribió a Querida Abby una carta en la que decía que «nunca jugaba con sus hijos». Sin embargo, en esa misma carta reconocía que les leía cuentos, los llevaba a conciertos y a conferencias, y que ayudaba a su hija a desarrollar el interés que tenía por las matemáticas. Seguramente ese hombre sentía mucho no saber divertirse con sus hijos, pero había otro hecho que lo compensaba: llenaba su vida de interés y riqueza intelectual.

Una programadora de juegos de ordenador se trataba con desdén porque diseñaba «basura de testosterona». Odiaba los juegos de guerra que construía durante toda la jornada laboral, pero hacía caso omiso de varias excepciones. Había diseñado un juego para que su sobrino aprendiese a multiplicar, enseñaba informática en un instituto privado, y era la creadora del logotipo y de todo el trabajo creativo de la campaña de un grupo de acción política.

Buscar excepciones y puntos fuertes correspondientes es un paso esencial para ver de forma diferente las debilidades que azotan tu autoestima. Por ejemplo, una mujer que se consideraba «incapaz de pedir lo que quiero» cambió de opinión al identificar una cuantas excepciones clave. «A pesar de que no puedo imponerme en mi familia, soy bastante firme con los compañeros del trabajo, con mis amigas Annie y Simone, y con los niños de la guardería donde trabajo.» Un hombre que pertenecía a la junta escolar se creía «un desastre en discusiones y debates». Sin embargo, tras examinarlo con más detenimiento, se dio cuenta de que tenía puntos fuertes que equilibraban y compensaban esa situación: «Carezco de instinto asesino en las discusiones. Sin embargo, estoy orgulloso de no tener por qué llevar siempre razón. Busco formas de comprometerme y de encontrar un punto medio».

Regresa de nuevo a tu lista de debilidades y escribe, para todas las entradas que se presten a ello, excepciones y puntos fuertes que compensen ese defecto. Formúlate estas preguntas para facilitar el proceso:

- ¿Dónde, con quién y bajo qué circunstancias he hecho lo contrario a esta debilidad de la lista?

- ¿En qué ocasión (u ocasiones) he superado este defecto?

- ¿Ha salido algo bueno de esa debilidad?

- ¿Existe algún modo en el que haya compensado esta debilidad y del que pueda sentirme orgulloso?

- ¿Tengo algún punto fuerte del que me sienta orgulloso y que esté relacionado con esta debilidad?

- ¿Poseo algún punto fuerte del que hago gala a pesar de mi debilidad?

Recuerda tus aspectos positivos

¿Nunca has tenido la sensación de ir caminando por ahí con un cartel en la espalda que anuncia tus defectos? ¿No has tenido la sospecha de que tus debilidades eran tan evidentes y tus defensas tan transparentes que sólo alguien ciego y sordo por lo que a psicología respecta podría pasarlos por alto? Al luchar contra una baja autoestima, se tiene una conciencia dolorosa y constante de las debilidades personales. Betty, que trabajaba verificando datos para una revista, lo expresó con estas palabras: «Es como si mis problemas estuviesen escritos con luces de neón. Brillan tanto que no puedo olvidar que están ahí».

¿Has intentado dedicar el mismo esfuerzo a recordar tus puntos fuertes que a seguir de cerca tus errores? ¿Qué te parecería llegar al compromiso de recordar siempre lo que haces bien, lo que se te da bien y lo que te gusta de ti? Una técnica sorprendentemente sencilla para recordar tus puntos fuertes es hacer carteles que te hagan pensar en ello. Compra fichas de 10 x 15 centímetros y escribe en cada una algún punto fuerte de tu lista. Puedes colgar esos carteles en el espejo del cuarto de baño, en la parte interior de la puerta de casa, en el armario, en la nevera, cerca de un interruptor de la luz, llevarlos dentro del maletín o de la bolsa de deporte que llevas al gimnasio. También puedes llevar esos recordatorios con tus tarjetas de visita, en la cartera o en la guantera del coche.

Cuando encuentres uno de esos puntos fuertes de tu lista que quieres enfatizar y recordar, escríbelo en una ficha utilizando una frase completa, que sea afirmativa y clara. Una caballista escribió estas seis fichas para recordar sus puntos fuertes y las pegó en diferentes lugares:

- Dedico tiempo y atención a mi hija.

- Cuidé de mi padre cuando estuvo enfermo.

- He adiestrado dos maravillosos caballos de carreras.

- Me rebelo contra las injusticias.

- Me tomo mi tiempo para disfrutar de los tonos del amanecer.

- Sé escuchar a mis amigos.

Como has visto, estas fichas no tienen por qué decir nada grande ni extraordinario. Basta con escribir cosas sencillas que te gusten de tu persona.

Si te preocupa que alguien las lea, puedes evitar pasar vergüenza abreviando. Por ejemplo, la frase «creativo en el trabajo» podría aparecer en la ficha como C.T. La gente se preguntaría qué es, pero no lo adivinaría nunca.

Cambia estas señales de recordatorio más o menos cada semana, de manera que puedas destacar nuevos puntos fuertes y cualidades de los que te sientas orgulloso. Un buen indicio de que ya es hora de cambiar una ficha es cuando parece confundirse con el fondo. Si no la lees, no sirve de nada. Al ir alternándolas o cambiándolas de vez en cuando, conseguirán llamar tu atención de nuevo.

Descubre la verdad olvidada

Voltaire dijo una vez: «La historia de la opinión del hombre es poco más que la historia de los errores de la humanidad». Esto tiene una explicación. Gran parte de nuestras opiniones (en especial las que se dirigen a nosotros mismos) se forman cuando somos jóvenes. Después pasamos toda la vida recopilando pruebas que apoyen nuestras creencias esenciales y desoímos todo cuanto diga lo contrario.

Esta tendencia recibe el nombre de *parcialidad confirmatoria*, y debido a ella nuestras creencias rara vez cambian o evolucionan. Sólo prestamos atención a aquello que esperamos ver, y avanzamos por la vida con una venda psicológica en los ojos. Debemos darnos cuenta de que la autoestima se ve muy afectada por la parcialidad confirmatoria. Esto es debbido a que las ideas negativas sobre tu persona no cambian porque te limitas a observar el lado negativo de tu experiencia y no contemplas el positivo. Siempre recuerdas los fracasos, los errores, los momentos desagradables y dolorosos; te olvidas de las alabanzas, las metas alcanzadas, el buen trabajo y el aprecio de tus seres queridos.

Ha llegado la hora de desvelar esa realidad que siempre has ignorado sobre ti mismo. Puedes contrarrestar los efectos de la parcialidad confirmatoria buscando de forma activa pruebas en contra de tus antiguas creencias negativas sobre tu valía personal.

En la parte de arriba de una hoja de papel, escribe una opinión negativa sobre ti que tengas muy arraigada (soy estúpido, soy antipático, soy aburrido, soy incompetente). A continuación, busca por cada década de tu vida (de los 0 a los 10 años, de los 11 a los 20, de los 21 a los 30, etc.) todos los recuerdos que conserves que contradigan esa creencia. Éste es un paso muy importante, así que tómate tu tiempo. Revisa todos tus recuerdos. Piensa en personas, en ocasiones y en lugares en los que te sucedieron cosas agradables. Continúa haciendo una lista de todo lo que se te ocurra para cada década. Cuando hayas acabado, escribe de nuevo esa creencia esencial pero de forma que refleje la verdad sobre ti mismo que antes no podías ver.

Estos son algunos elementos de la lista que redactó Jackie, una repartidora de pizzas que tenía como creencia esencial sobre su persona «soy aburrida».

0 a 10 años de edad: La tía Jen estaba pendiente de todo lo que yo decía.

11 a 20 años de edad: Mary Jo y yo hablábamos por teléfono durante horas. Bill siempre me pedía que fuese a dar una vuelta en su coche.

21 a 30 años de edad: Hice reír tanto a mi amiga que se hizo pipí encima.

Jackie reescribió su creencia de modo que fuese más fiel a la realidad que había descubierto sobre sí misma: «Mi familia y mis mejores amigos creen que soy divertida. Si soy aburrida con los desconocidos, es porque me cohibo y me quedo callada».

Al encontrar esa verdad que no habías observado antes, la ceguera de la parcialidad confirmatoria abandonará tus ojos y serás capaz de verte a ti mismo y a los demás de forma más verídica y compasiva.

Lucha con las armas del monólogo interior

Chris entró en la sala donde tenía que hacer una presentación delante de todo su departamento. Estaba nervioso porque su jefa iba a estar presente y ya había metido varias veces la pata delante de ella. «Contrólate», se dijo. «Siempre hablas más de la cuenta y acabas por meterte en problemas.»

Avanzó hasta el frente de la sala y saludó a todo el mundo mientras preparaba el material. Al trazar una gráfica en la pizarra pensó: «Qué dibujo más estúpido. Van a creer que soy imbécil por intentar dibujar esto». Se dio la vuelta e hizo un chiste sobre la gráfica. Todos se rieron, pero Chris pensó: «Soy tan gracioso como un ataque cardíaco».

Chris siguió adelante con la presentación y todos pensaron que había salido sin ningún contratiempo. Es decir, todos excepto Chris, cuya corriente incesante de monólogo negativo le hacía pensar que era un fracasado.

¿Te resulta familiar esta situación? Mucha gente pasa buena parte del día castigándose con pensamientos negativos sobre su rendimiento en el trabajo, su aspecto, su éxito como padres y demás áreas de la vida cotidiana. Y como no cesan de repetirse esas ideas negativas, cada día las creen más ciegamente.

Por suerte, este proceso se puede invertir: puedes utilizar el monólogo interior para contrarrestar las percepciones negativas de tu persona. En tus manos tienes el poder de reescribir la historia que te explicas sobre ti mismo. Y ya que tus creencias están basadas en esa historia, cuanto más combatas los pensamientos negativos con un monólogo interior positivo, más seguro te sentirás de tus numerosas cualidades.

El siguiente ejercicio te ayudará a luchar contra el monólogo negativo. Sería conveniente que lo practicaras con regularidad; aplica disciplina y conviértelo en un hábito. Cuanto más automático sea, más fuerte y seguro te sentirás.

Durante todo el día, escucha atentamente tus propios pensamientos. Cada vez que te descubras emitiendo una frase negativa («Soy un desastre en la cocina», «Soy mal padre», etcétera), escríbela. Escucha con mucha atención todo lo que te dices. Es muy útil anotar cuantas más frases negativas mejor.

Por la noche, dedica un tiempo a mirar la lista que has confeccionado. A continuación, después de cada una de las frases que has anotado, escribe algo *positivo* acerca de tu persona. Puede ser cualquier cosa, no es necesario que tenga especial relación con la afirmación negativa. Así, por ejemplo, si has escrito: «No se me dan bien las conversaciones triviales», podrías escribir al lado: «Se me dan bien las conversaciones largas», o incluso: «Toco muy bien la guitarra». Reconoce todas las buenas cualidades que hay en ti y las habilidades que posees. Podrías apuntar cualquier cosa desde tu bonita sonrisa o tu generosidad hasta tu destreza para los juegos malabares.

Una vez hayas completado la lista, léela con detenimiento y verás que es igual de sencillo encontrar un aspecto positivo de tu persona que uno negativo. Ahora ha llegado el momento de ponerlo en práctica: al día siguiente de haber hecho la lista de refutaciones positivas, escucha de nuevo tu monólogo interior. En esta ocasión, cada vez que te encuentres diciendo algo negativo de ti mismo, contraataca con una afirmación positiva. Puede ser alguna de las afirmaciones positivas de la lista o alguna nueva. Lo que tiene importancia es que contestes a cada pensamiento negativo con uno positivo.

Practica este ejercicio cada día durante la próxima semana hasta que se convierta en un hábito. Repásalo cuando descubras que has empezado a olvidar que debes contestar al monólogo interior negativo con afirmaciones positivas.

Séptima parte
Reformula los errores

Los errores son inevitables. Ya que no puedes impedir que ocurran, necesitas aprender a enfrentarte a ellos, porque eso determina en gran medida el efecto que tendrán en tu autoestima. Si te enfrentas a los errores de forma deficiente, pueden convertirse en fracasos devastadores, calamidades de repercusión mundial y pruebas más que fehacientes de lo poco que vales.

Esta sección te enseñará cómo debes considerar los errores y enfrentarte a ellos para que se conviertan en pruebas de que eres completamente normal. Los errores no son más que reveses temporales; las pequeñas lecciones de la vida en la escuela de los golpes soportables.

Tres pasos para enfrentarte a los errores

Las cinco menos diez. Bien. Margie tenía una hora y media para poner el pastel en el horno y salir hacia la cena en casa de sus amigos. Había pasado gran parte de la tarde trabajando en la capa de chocolate: era el primer pastel que hacía en su vida. Quería impresionar a la gente de la fiesta y estaba convencida de que el delicioso pastel lo conseguiría.

De repente se dio cuenta de que había olvidado recoger a su perro, Max, del veterinario. Bueno, todo lo que tenía que hacer era meter el pastel en el horno... ¡Vaya! Se había olvidado de precalentarlo. Daba lo mismo; el horno se precalentaría mientras estaba en el veterinario. Puso el horno en marcha, recogió el monedero y entró de un salto en el coche.

Media hora después llegó corriendo a casa con Max y fue directa a la cocina. Si metía el pastel en el horno en aquel preciso instante llegaría algo tarde a la fiesta, pero no importaba demasiado. Levantó el molde del pastel, dio media vuelta, fue a meterlo... y al quedar embadurnada de chocolate se dio cuenta de que no había abierto la puerta del horno. El molde

Barnes & Noble Booksellers #2115
800 Boylston Street Suite 179
Boston, MA 02199
617-247-6959

STR:2115 REG:002 TRN:6834 CSHR:Jeremy M

Tu vales mas de lo que piensas: Cree en
  9788499170879   T1
  (1 @ 17.95) Item Cpn 20% (3.59)
       #NM1A5SUZ24QNU
  (1 @ 14.36)   14.36

Subtotal   14.36
Sales Tax T1 (6.250%)   0.90
TOTAL   15.26
VISA   15.26
  Card#: XXXXXXXXXXXXX0662
  Expdate: XX/XX
  Auth: 134957
  Entry Method: Swiped

A MEMBER WOULD HAVE SAVED   1.80

            Thanks for shopping at
               Barnes & Noble

101.29A   11/17/2012 06:45PM

               CUSTOMER COPY

...eable. Defective NOOKs may be exchanged at the store
...dance with the applicable warranty.

...exchanges will not be permitted (i) after 14 days or without
...(ii) for product not carried by Barnes & Noble or Barnes &

Policy on receipt may appear in two sections.

Return Policy

<u>With a sales receipt or Barnes & Noble.com packing slip,</u> a full refund
in the original form of payment will be issued from any Barnes & Noble
Booksellers store for returns of undamaged NOOKs, new and unread
books, and unopened and undamaged music CDs, DVDs, and audio
books made within 14 days of purchase from a Barnes & Noble
Booksellers store or Barnes & Noble.com with the below exceptions:

A store credit for the purchase price will be issued (i) for purchases
made by check less than 7 days prior to the date of return, (ii) when
a gift receipt is presented within 60 days of purchase, (iii) for
textbooks, or (iv) for products purchased at Barnes & Noble College
bookstores that are listed for sale in the Barnes & Noble Booksellers
inventory management system.

Opened music CDs/DVDs/audio books may not be returned, and
can be exchanged only for the same title and only if defective.
NOOKs purchased from other retailers or sellers are returnable
only to the retailer or seller from which they are purchased, pursuant
to such retailer's or seller's return policy. Magazines, newspapers,
eBooks, digital downloads, and used books are not returnable or
exchangeable. Defective NOOKs may be exchanged at the store
in accordance with the applicable warranty.

Returns or exchanges will not be permitted (i) after 14 days or without
receipt or (ii) for product not carried by Barnes & Noble or Barnes &
Noble.com.

Policy on receipt may appear in two sections.

fue a parar al suelo y sonó en estrepitosa cacofonía metálica, la masa de chocolate resbalaba por toda la superficie del horno y Margie cayó al suelo envuelta en lágrimas. Al parecer el único que disfrutaría de aquel pastel sería Max, que derribó a Margie para lanzarse sobre el estropicio.

Cuando tienes un día como el de Margie, parece que nada te sale bien y no puedes dejar de culparte por tus errores. El siguiente ejercicio te proporcionará tres pasos a seguir cuando empieces a caer por el pozo de la culpabilidad.

El primer paso es darte cuenta de que todo el mundo comete errores. Incluso las personas a quienes más admiras. De hecho, es cierto que cuanto más importante sea un personaje, mayores serán sus errores. Sucede así porque los errores son una consecuencia inevitable cuando se intenta algo por primera vez.

Haz una lista con personajes históricos o públicos que hayan cometido errores significativos. No te olvides de esas personas a quienes respetas y admiras. A continuación, haz una segunda lista de personas a quienes aprecias y conoces personalmente, y enumera sus errores.

¿Cómo es posible que incluso las personas buenas y admirables cometan errores? Porque no reconocieron su decisión como errónea en el momento en que la tomaron. No conocían las consecuencias de sus actos. Igual que todos nosotros, no podían anticipar con precisión los efectos de una decisión presente en una experiencia futura.

El segundo paso del ejercicio es reconocer la necesidad de tus propios errores. Haz una lista con tus diez mayores errores. Intenta no castigarte mientras lo haces, limítate a repasar tus experiencias pasadas y desentierra los diez errores que hayan tenido mayor repercusión en tu vida.

A continuación, toma el primer elemento de tu lista en intenta retroceder en el tiempo mentalmente hasta el momento en que tomaste aquella decisión. Esfuérzate por recordar lo que pensabas y lo que sentías justo antes de aquel hecho. ¿Sabías qué iba a suceder o habías esperado un resultado más favorable? Intenta recordar la necesidad o necesidades que te llevaron a tomar aquella decisión. Recuerda la fuerza que ejercían esas necesidades y cómo llegaron a influenciarte. Y ahora llegamos a la parte más importante: si tuvieses que regresar a aquel momento, con las mismas necesidades, percepciones y predicciones de resultados futuros, ¿actuarías de diferente manera?

Repite el mismo proceso con cada uno de los errores de tu lista. Tal vez sea preciso que te saltes alguna pregunta en algún error en concreto si ves que tu memoria es demasiado difusa para poder contestarla sinceramente.

El tercer y último paso es perdonarte. Mereces el perdón de tus errores por muy dolorosas que fuesen las consecuencias. ¿Por qué? Porque tomaste la única decisión que podías tomar teniendo en cuenta tus necesidades y tu percepción de aquel momento. Porque ya has pagado por tus errores. Y porque los errores son inevitables. Es imposible aprender sin cometer errores, y ya que el proceso de aprendizaje continúa durante toda la vida, nunca dejarás de cometer algún que otro error instructivo.

Los límites del conocimiento

A veces, cuando cometes un error puedes llegar a sentirte estúpido, sobre todo si se trata de un error que ya habías cometido en otra ocasión. Tal vez te preguntes por qué parece que no aprendes nunca. ¿Por qué necesitas repetir siempre la misma equivocación?

Existen muchas razones por las que cometemos errores y los repetimos, pero lo cierto es que ser «estúpido» no es una de ellas. A menudo la gente vuelve a cometer las mismas equivocaciones por falta de conocimiento. Por varios motivos, no son conscientes de las consecuencias que se desencadenaron la última vez que cometieron un error en concreto. Sin poder beneficiarse de la sabiduría que aporta la experiencia pasada, no se dan cuenta de que la decisión que están a punto de tomar es una equivocación. Debido a esa falta de conocimiento, siguen adelante y cometen el mismo error una y otra vez.

El conocimiento de las posibles consecuencias de tus acciones se ve limitado por cinco factores muy importantes:

1. *La ignorancia.* A menudo carecemos de un método real para predecir las consecuencias porque nunca nos habíamos

enfrentado a circunstancias de ese mismo tipo. Damos palos de ciego. Si nunca has utilizado pintura en spray, no tienes forma de saber que si acercas demasiado la boquilla a la superficie que estás pintando, la pintura se correrá. Si no sabes cómo preparar las claras de huevo en tu primer soufflé, es probable que no suba como debería.

2. *El olvido*. Es imposible recordar absolutamente todas las consecuencias de cada una de las acciones que has acometido en la vida. Muchos episodios no han pasado a la memoria porque no fueron lo bastante dolorosos o lo bastante importantes. Como consecuencia, con frecuencia se repiten errores tan sólo porque no recuerdas qué sucedió la última vez que lo intentaste. Si no te acuerdas de cómo te acribillaron los mosquitos la última vez que te fuiste de acampada, es muy probable que este año vuelvas a olvidarte de llevar el repelente de insectos.

3. *La negación*. Todos solemos negar o desoír las consecuencias de errores anteriores por dos motivos: el deseo y el miedo. A veces queremos beber y conducir, o tomarnos un tercer postre. En otras ocasiones nos da tanto miedo el cambio, hacer las cosas de forma diferente, que negamos o minimizamos las consecuencias negativas de nuestros errores. Cuando nos enfrentamos de nuevo a la misma decisión, cometemos el mismo error porque las otras alternativas nos parecen amenazadoras. Howard, por ejemplo, aburre mortalmente a las mujeres en las citas con sus largas disertaciones acerca de sus proezas. Él sospecha que esto no le hace muy atractivo pero niega las consecuencias de sus alardes, que dan como resultado pocas segundas citas y ninguna relación estable. Howard niega ese hecho porque tiene miedo de una comunicación real, no quiere correr el riesgo de hablar acerca de sus verdaderos sentimientos.

4. *La falta de alternativas.* Muchos errores se repiten simplemente porque no se conoce una forma mejor de actuar. Carecemos de la habilidad, la capacidad o la experiencia necesarias para desarrollar nuevas estrategias y soluciones. Connie, por ejemplo, no hace más que destrozar entrevistas de trabajo porque siempre mira al suelo, contesta con frases escuetas y nunca dice «quiero este trabajo» con claridad.

5. *La costumbre.* Algunas costumbres que tenemos muy arraigadas nos impiden evaluar las diferentes opciones, a veces incluso nos impiden ver que hay diferentes opciones. No piensas en las consecuencias porque ni siquiera sabes que estás tomando una decisión. Un clásico ejemplo es escoger un beneficio inmediato porque se desconoce el desastre que genera a largo plazo, como aquel estudiante de derecho que solía escoger el placer inmediato de salir con los amigos en lugar de estudiar para los exámenes.

El conocimiento se ve afectado por todos estos factores. En muchas de las decisiones que tomamos, el olvido, la negación, la costumbre, etcétera, nos impiden hacer uso de experiencias anteriores. Es algo que le sucede a todo el mundo en algún momento u otro.

Retoma la lista de diez errores que confeccionaste en el ejercicio anterior, «Tres pasos para enfrentarte a los errores». Tómate tu tiempo para pensar en cada uno de ellos y decide cuál de los factores que limitan el conocimiento afectó a tu decisión en el momento en que cometiste ese error. Después perdónate por todos tus errores.

La visualización del error

El aprendizaje de cada nueva habilidad lleva su tiempo, ya sea cocinar, jugar al béisbol o aprender a ver los errores con otros ojos. El siguiente ejercicio de visualización te ayudará a pensar en los errores como simples funciones de un conocimiento limitado. Ya que nadie es capaz de adelantarse al futuro, nadie puede predecir con exactitud qué decisiones resultarán acertadas y qué decisiones serán un error.

Tal vez te apetezca grabar la visualización en una cinta. Acuérdate de hablar despacio y con claridad.

Siéntate en una silla cómoda o échate boca arriba. No cruces las piernas ni los brazos. Cierra los ojos y respira varias veces lenta y profundamente. Siente que te vas relajando más y más con cada inspiración y cada expiración. Examina todo tu cuerpo (brazos, piernas, pecho, cuello y demás) en busca de señales de tensión. Cuando encuentres una zona rígida, inspira, y deja que la tensión desaparezca al expirar.

Sigue respirando profunda y lentamente, cada vez te encuentras más relajado. Ahora comienza a formar una imagen mental de ti mismo. Imagínate tal como eras cuando hacía poco que habías cometido un error. Construye todos los detalles que puedas: dónde te encontrabas, cómo era tu cara, en qué postura estabas. Obsérvate en esa situación y toma conciencia de cómo el desconocimiento, el olvido, la negación, la costumbre o la falta de alternativas te impidieron ver las consecuencias negativas. Ahora ves que cometiste aquel error con la mejor de las intenciones, teniendo en cuenta tu percepción de la situación.

Recuerda que en aquel preciso momento actuaste de la mejor forma de la que eras capaz. Repite las siguientes afirmaciones y deja que entren en tu mente:

- Soy un ser humano único y valioso.

- Siempre hago todo lo que puedo.

- Me quiero, incluso con mis errores.

Repite estas afirmaciones tres o cuatro veces y cambia las palabras si es preciso para ajustarte a tus necesidades.

Ahora visualízate llevando a cabo las tareas diarias. Imagina todo lo que harás durante lo que queda de hoy y el día de mañana. Toma conciencia de que eres único, de que eres valioso, de que intentas vivir de la mejor forma posible. Date cuenta de que siempre intentas hacer lo que parece mejor en un determinado momento.

Termina con esta afirmación: «Hoy me gusto más que ayer. Mañana me gustaré más que hoy».

Cuando hayas acabado, abre los ojos y levántate poco a poco. A lo largo del día, repite las afirmaciones cada vez que te vengan a la cabeza.

El ejercicio dará incluso mejor resultado si tú mismo construyes unas afirmaciones concisas, sencillas y positivas. Recuerda que las afirmaciones negativas (por ejemplo: «No me criticaré», en lugar de: «Me acepto tal como soy») suelen tener repercusiones igualmente negativas. Haz que los términos de tus afirmaciones sean siempre positivos.

Para ayudarte a componer afirmaciones de tu autoestima, aquí tienes una lista de algunas que han dado buenos resultados a otras personas:

- Estoy bien como estoy.

- Tengo necesidades legítimas.

- Es lícito satisfacer mis necesidades de la forma que creo conveniente.

- «Error» es una etiqueta que aplico después.

- Puedo aprender de los errores sin sentirme culpable ni preocuparme.

- Todo cuanto hago es un esfuerzo por satisfacer necesidades legítimas.

- Me desprendo de las decisiones erróneas que tomé en el pasado.

- Puedo inventar nuevas formas de satisfacer una necesidad y escoger sabiamente la mejor opción.

Reformula los errores

Justo cuando el monstruo baboso de grandes tentáculos se arrastraba por tu cara para inyectarte veneno en el cerebro, te despiertas de un salto en la cama. Estás sudando, te cuesta respirar y te das cuenta de que no hay ningún monstruo; sólo ha sido una pesadilla. Empiezas a tranquilizarte, tu respiración se normaliza y te tumbas. No pasa nada, ha sido una pesadilla.

Cuando interpretas como pesadilla la experiencia del monstruo arrastrándose por tu cara, estás *reformulando*: modificas una interpretación o un punto de vista. También se trata de una forma muy útil de enfrentarte a tus errores. En lugar de castigarte por ellos, puedes reformularlos de manera que les encuentres alguna utilidad.

Piensa en los errores como si fueran lecciones o advertencias. El año pasado decidiste no asistir al picnic de la empresa, pero luego te enteraste de lo divertido que había sido y lamentaste no haber estado. Un año después, puedes contemplar ese error del pasado como si se tratase de una lección y decidir ir al picnic de este año.

Hace una semana llevaste a revisar las ruedas del coche y el mecánico te dijo que había que cambiar el neumático de la rueda delantera derecha. Pero a ti te pareció demasiado caro y decidiste no hacerlo. Al perder el control del coche porque la rueda ha reventado, te das cuenta de que probablemente deberías haberla cambiado. Este error te sirve de advertencia para que pongas un poco más de cuidado en el mantenimiento de tu coche.

Los errores concretos pueden funcionar como guía general de comportamiento para la próxima vez que te encuentres en una situación similar. La próxima vez que te inviten a una fiesta pero te sientas tímido o te dé pereza asistir, puedes pensar en aquella ocasión en que te perdiste el picnic y decidir darte una oportunidad de pasártelo bien. Si tu médico te dice que hagas un poco de deporte, a lo mejor piensas en aquella vez que reventó el neumático y decides poner un poco más de cuidado también en tu mantenimiento físico.

Recupera la lista de errores que redactaste para el ejercicio «Tres pasos para enfrentarte a los errores». Lee cada uno de los errores que habías escrito y reformúlalo. ¿Qué lección te hizo aprender? ¿Qué sabes ahora de aquella equivocación que no supieras entonces? ¿Sirvió aquel error para que te mantuvieras alerta en situaciones futuras? ¿Podría conseguirlo? Repasa toda la lista y marca cada error con la palabra «lección» o «advertencia», según corresponda. Aprovecha la oportunidad de reformular tus errores para que obren a tu favor y no en tu contra.

Escapa del pasado

¿Los antiguos traumas del pasado te siguen poniendo la zancadilla en el presente? Si tu baja autoestima está íntimamente relacionada con algún recuerdo doloroso en concreto, seguro que «pasado» no significa «olvidado». La siguiente visualización escenifica tu huida del pasado y te recuerda que has conseguido sobrevivir y has llegado sano y salvo hasta el presente.

Túmbate y cierra los ojos. Permite que todos los músculos tensos se relajen mientras recorres tu cuerpo buscando las zonas en tensión. Haz que tu respiración se haga cada vez más lenta y profunda. Cuando estés relajado, imagina que avanzas con dificultad por las ardientes arenas de un desierto y arrastras un bloque de brasas que tienes encadenado al tobillo. El bloque y la cadena son fracasos, miedos y decepciones del pasado que aún llevas a cuestas.

Llegas a un oasis donde te encuentras con un amable anciano que tiene una sierra para metales. Esa persona, que te recuerda a tu profesor preferido del instituto, sierra la cadena de tu tobillo y te libera mientras tomas un largo trago de agua fresca.

Al anochecer prosigues tu camino. Las sombras se reúnen tras de ti y te das cuenta de que una multitud fantasmal te va siguiendo. Son personas de tu pasado que ya murieron o que desaparecieron de tu vida, pero que aún te persiguen. Los llevas hasta una cueva muy profunda, te recuestas y finges quedarte dormido. Justo antes de que amanezca, dejas unas mantas arrugadas con la forma de silueta y sales a escondidas de la cueva. Haces rodar una gran piedra sobre la entrada de la cueva y se produce un corrimiento de tierras que aprisiona y entierra a los fantasmas para siempre.

Echas a andar hacia el sol naciente y llegas a un camino. En el horizonte alcanzas a ver tu meta: el paso fronterizo hacia el reino del presente. Si consigues llegar hasta allí, estarás a salvo y serás libre. Sin embargo, te das cuenta de que en el camino hay otros viajeros que te empujan y reducen tu ritmo de marcha al pasar. Son personas de tu pasado que aún están vivos y presentes en tu vida. Tienes que enfrentarte a ellos.

Caminas sin desfallecer, luchando por mantener el equilibrio entre todas esas personas. Por fin te acercas al paso fronterizo. Hay guardias que controlan los documentos de todo el mundo y no dejan pasar a nadie. Sin embargo, tú conoces la contraseña: «Esto es el presente, aquello fue el pasado», y te permiten entrar.

Pasas al otro lado, has conseguido llegar sano y salvo al reino del presente. Todas las personas que pertenecían a tu pasado te miran apenados desde el reino del pasado. Pero ahora ya ni siquiera puedes oír lo que dicen.

Al hacer todas tus labores diarias, recuerda que ahora vives en el presente. Has escapado del pasado.

Visualiza un yo seguro

Christine detestaba ir de visita a casa de sus suegros. Se sentía violenta, atrapada y fuera de lugar en su sala de estar, que no había cambiado en lo más mínimo desde 1957. Tenía la sensación de que no encajaba allí; era demasiado independiente, demasiado «moderna». Siempre sentía que su suegra la juzgaba, y eso la hacía sentirse enfadada y avergonzada.

Stan era capaz de hacer prácticamente cualquier cosa por evitar una primera cita. Aunque llevaba unos cinco años sin pareja y a menudo se sentía solo y deseaba encontrar a alguien, ni siquiera era capaz de pensar en esa violenta primera cita. Las pocas veces que se había decidido a intentarlo, el primer encuentro le hizo temblar de inseguridad.

La mayoría de la gente evita ciertas situaciones porque les hacen sentirse mal consigo mismos. Aún así, muchas de esas situaciones violentas son necesarias. ¿Debería Christine dejar de ir a visitar a sus suegros? A lo mejor a su marido no le parece nada bien. ¿Debería Stan dejar de tener cualquier tipo de cita? Solamente si está decidido a pasar el resto de la vida sin pareja. Los dos necesitan herramientas que les ayuden a enfrentarse a su incomodidad en esas situaciones que les hacen sentirse inseguros.

Si en tu vida hay circunstancias que te hacen sentir incómodo, la siguiente visualización te ayudará a vislumbrar un yo más seguro, un importante primer paso para convertirte en la persona segura de sí misma que te gustaría ser.

Piensa en diferentes ámbitos de tu vida: el hogar, el trabajo, la vida amorosa, los amigos, etcétera. Por cada ámbito, escoge una situación en la que te sentirías violento, inseguro o avergonzado.

Siéntate o túmbate en un lugar donde nadie te moleste. Cierra los ojos y respira profundamente. Relaja todos los músculos del cuerpo: los músculos de la cara, del cuello, de los hombros, del pecho, del estómago, de la pelvis y de las piernas.

Ahora imagina esa situación que te provoca incomodidad. Fíjate en todo lo que te rodea, qué aspecto tienen las cosas. ¿A qué huele? ¿Qué se oye? ¿Cómo son las personas que ves allí? ¿Qué aspecto tienes tú? ¿Cómo reacciona la gente ante ti? Respira profundamente y repite: «Estoy tranquilo y me siento seguro. Tengo legítimo derecho a estar aquí y a ser yo mismo».

Continúa imaginándote en la situación que has escogido y céntrate en tu postura. Imagínate de pie, o sentado, pero erguido, alto, orgulloso. Tienes la espalda recta, los hombros hacia atrás y una sonrisa de seguridad en el rostro. Piensa: «Soy una valiosa parte de este encuentro. Estoy seguro de estar en el lugar adecuado».

Date cuenta de que, cuando te sumas a la conversación, todos responden de forma positiva, afirman con la cabeza y te sonríen. Se alegran de que estés ahí y respetan tu opinión. Ahora imagina que dices o haces algo un poco más arriesgado, algo que pueda provocar una reacción negativa. Todas las personas que se encuentran en la sala se detienen a considerar un momento lo que has dicho o hecho y luego hacen gestos de aprobación con la cabeza mientras, poco a poco, se les dibuja una sonrisa en la cara. Respira profundamente y di: «Tengo éxito en esta situación». Imagínate aún más erguido que antes y con una sonrisa más ancha. Ya te sientes como en casa.

Repite esta visualización para cada uno de los ámbitos de tu vida que hayas escogido. Si practicas al menos durante cuatro días, es probable que descubras que empiezas a comportarte del mismo modo que en la visualización, y la gente responderá de forma correspondiente. Recuerda que, hasta cierto punto, eres quien crees ser.

La visualización de los interruptores

¿Nunca has soñado que intentabas con todas tus fuerzas leer algo o comprender una larga conversación? Parece que las palabras no tienen sentido. Eso sucede porque tu inconsciente no entiende muy bien las palabras, prefiere tratar con símbolos e imágenes. Esta visualización utiliza símbolos que le dicen a tu inconsciente que desenchufe los conceptos negativos de tu persona y enchufe una corriente de autoestima.

Túmbate y cierra los ojos. Recorre tu cuerpo en busca de tensiones y deja que todos los músculos se relajen. Respira cada vez más lenta y profundamente. Repite para ti: «A cada momento que pasa me siento más relajado».

Cuando te sientas tranquilo y en calma, imagina que tu cuerpo es como un gran edificio con muchas plantas y salas. En el sótano hay una gran sala de control desde la que se regula la electricidad, el agua, el gas, el aire acondicionado, las líneas telefónicas y todo lo demás. Localiza la sala de control de tu edificio y abre la puerta con una llave que llevas en el bolsillo.

Entra en la sala de control y dirígete hacia la izquierda. Allí encontrarás muchas tuberías antiguas y oxidadas que vienen del suelo y salen por el techo, están llenas de grifos y válvulas por todas partes. Son las tuberías que alimentan la imagen negativa que tienes de ti mismo, tus dudas y tu timidez. Acércate a las tuberías y cierra con fuerza todos los grifos y las válvulas, gira todas las manivelas y todas las ruedas en el sentido de las agujas del reloj para cortar el flujo de negatividad. A continuación, cruza la sala hacia el lado derecho, donde te espera toda una serie de tuberías nuevas, limpias y ordenadas. Abre todos los grifos y todas las válvulas, haz que corra el flujo de tu imagen positiva, tu seguridad y tu confianza.

Regresa al lado izquierdo de la sala y abre la tapa de metal abollado del cuadro eléctrico. En su interior ves muchos interruptores de plástico y cromo, todos están encendidos. Los apagas uno a uno y así cortas la electricidad de tus circuitos de timidez, de tu falta de resolución, de tu perfeccionismo y demás. De la parte superior del cuadro eléctrico sale un cable muy grueso, el cable de alimentación central de la negatividad. Con un hacha contra incendios que encuentras en la pared, cortas el cable, que te riega con una gratificadora ducha de chispas. Ahora dirígete al lado derecho de la sala y abre tu nuevo cuadro eléctrico. Utiliza las dos manos para encender el enorme interruptor principal. Acciona cada uno de los interruptores individuales para poner en marcha el afecto, el amor por ti mismo, la tolerancia, el amor propio, etc.

De vuelta a la pared de la izquierda, ves una vieja centralita telefónica con muchas clavijas que conectan líneas en las que tienen lugar diversas conversaciones con tu crítico patológico. Tira de todos los cables y déjalos colgando en el aire. Ve a la otra parte de esa habitación, enchufa un teléfono nuevo y moderno que te pone en contacto con la evaluación razonable de tu valía personal.

En el lado izquierdo hay un sistema de megafonía desde el que te están insultando. Apágalo. A la derecha encuentras un buen equipo estéreo. Lo enciendes y se empieza a escuchar una música agradable; alguien te canta una canción de amor.

El ecualizador tiene muchas palancas, son los mandos que controlan tu visión del pasado, tu preocupación por el futuro, tu dependencia de las opiniones de los demás, etcétera. Pon todas esas palancas en posición central, en una posición equilibrada.

Una vez todos los interruptores, válvulas y controles de la sala estén dispuestos a tu gusto, cierra la puerta con llave y vete. Siempre podrás regresar más adelante si algo se desajusta.

Recuerda dónde te encuentras y abre los ojos. Felicítate por el mensaje que has enviado con tanto éxito a tu inconsciente.

Octava parte
Minimiza los juicios

Emitir juicios es imprescindible para sobrevivir. Los seres humanos catalogan lo que ven, oyen, saborean y huelen en tres categorías: irrelevante, bueno y malo. Se hace caso omiso de lo irrelevante, se busca lo bueno y se huye de lo malo. No puedes dejar de emitir juicios. Si lo hicieses, morirías de hambre, dejarías que te atropellaran o te tirarías por un precipicio.

Los problemas surgen cuando el clasificarte dentro del grupo de lo «malo» empieza a convertirse en una costumbre. No puedes huir de ti mismo durante mucho tiempo. Al final te verás obligado a enfrentarte a los juicios negativos que has emitido sobre tu persona. Esa es la esencia de una baja autoestima: vértelas cara a cara con tu parte «mala».

Esta sección te explica cómo emitir juicios, por qué persisten las críticas negativas, y cómo conseguir juzgarte de forma más positiva y ajustada a la realidad, tanto a ti como a los demás.

Las pantallas mentales

Todos seleccionamos, alteramos y distorsionamos lo que vemos. Filtramos y modificamos la realidad como si nuestros ojos y oídos fuesen una cámara de televisión y viésemos la realidad por una pantalla situada en el interior de nuestra mente. A veces la cámara hace primeros planos de ciertos detalles, como cuando de repente ves el ceño fruncido de tu jefe mientras le echa un vistazo a tu informe. Tu cámara puede enfocar desde más lejos o desde más cerca según la opinión de tu crítico interior respecto a tus habilidades. O a lo mejor tu cámara pone una cinta antigua y percibes la realidad a través de antiguas experiencias sin darte cuenta siquiera.

Seth, por ejemplo, decidió finalmente pedirle a la chica de la cafetería si quería salir con él. Durante semanas había intentado reunir valor, sus amigos no dejaban de decirle que ella siempre le miraba con una brillante sonrisa, de esas de «me encantaría salir con ese tío». Sin embargo, Seth no sentía más que los viejos miedos y las antiguas dudas creciendo de nuevo en su pecho a medida que se acercaba a la cafetería. De repente, allí estaba, delante de ella, que le sonreía. Se había puesto sus mejores zapatillas de deporte, había llegado la hora.

«Hola, ¿te gustaría salir conmigo al bando? ¡Perdón, quería decir al banco!»

¡¿Pero qué había sido eso?! Seth se refería al banco que había fuera de la cafetería, a sentarse un rato y charlar, pero acabó sonando absurdo. Lo único que podía pensar era: «Debe creer que soy un completo imbécil». Ella miró deprisa al cliente que había detrás de Seth y dijo: «Hola, ¿en qué puedo ayudarle?».

Seth estaba en estado de *shock*; no le había hecho el más mínimo caso. Y parecía algo asustada, así que dedujo que lo había tomado por un psicópata. La pobre tiró el café del siguiente cliente en la bandeja de los bollos. Seth estaba convencido de que todo era porque la había sorprendido con su atrevimiento. Se tragó el nudo que tenía en la garganta, se fue caminando hasta el expendedor de servilletas de papel, y allí observó su patética imagen reflejada en la pequeña superficie de metal. Después vio el reflejo del ojo deformado de otra persona. ¡Era ella!

«Hola. Lo siento, pero el encargado ha entrado justo en el momento en que me preguntabas si quería salir al bando, o bueno, al banco contigo. Me pongo muy nerviosa cuando está por aquí. Así que, bueno, sea como sea, me encantaría salir contigo algún día.»

¡No tenía nada que ver con Seth! A ella le daba miedo su jefe. Seth sólo estaba leyendo todos sus miedos en la reacción de ella. No tenía forma alguna de saber que lo que estaba filtrando en su pantalla no era la realidad.

Este ejercicio te ayudará a tomar conciencia de cómo filtras la realidad a través de una pantalla de televisión mental:

1. Recuerda un momento reciente en que tu relación con alguna persona resultara dolorosa por algún motivo. Escribe lo que ambos dijisteis e hicisteis.

2. Escribe lo que presupones que la otra persona veía y oía en su pantalla mental. ¿Qué es lo que podría haber estado proyectando que le llevó a decir aquellas palabras o a hacer lo que hizo?

3. Vuelve a imaginar la escena y busca datos que hayas pasado por alto. Busca acciones o palabras que puedan darle una nueva perspectiva a la situación. En concreto, busca detalles que desdeñaste o no creíste la primera vez.

4. Redacta una explicación alternativa a lo que esa persona pueda haber visto u oído en su pantalla.

Las reglas de las pantallas

La pantalla no es siempre algo negativo, sólo refleja la forma en que tus sentidos y tu mente están conectados. Necesitas ese filtro. ¿Cómo, si no, podrías organizar la avalancha de información que te llega de continuo? Sin embargo, ya que siempre interpretas la realidad a través de esa pantalla de televisión mental, no puedes dar por sentado que lo que estás viendo sea la «realidad». Tampoco tienes forma de saber qué constituye la realidad en la pantalla de otra persona. Para complicar aún más las cosas, nunca conseguirás comunicar plenamente lo que aparece en tu pantalla, ya que en parte es material inconsciente.

Por ejemplo, miremos a Mary, que ha salido a cenar con su novio, que se llama Stan. Le explica todo lo que le ha sucedido ese día en el trabajo y le dice que todos en su oficina son unos imbéciles menos ella. Está totalmente absorta en el relato de los acontecimientos del día, dando golpes con las manos en la mesa, tirándolo todo al suelo, y casi construye una marioneta con la servilleta para escenificar el drama de su jornada laboral.

Se detiene un momento a mirar a Stan, sólo para asegurarse de que comprende el ultraje del que ha sido víctima, y él parece haberse tomado un tranquilizante. Tiene la cabeza apoyada entre las manos como si estuviera a punto de caérsele. Hasta es posible que esté hojeando disimuladamente la carta de los postres. ¡Pero qué valor! Es casi tan ruin como el padre de Mary, que nunca contestaba más que con un gruñido o una carcajada cuando la familia estaba reunida en la cena. «¿Qué hago rodeándome de estos hombres tan poco compasivos, despreocupados y aburridos?», se pregunta Mary.

Sin embargo, él por fin abrió la boca: «Cariño, hoy me han despedido. Perdona que no te preste mucha atención, pero estoy bastante deprimido. A decir verdad, me consuela poder estar aquí escuchando tus historias, me ayuda a no obsesionarme con mis problemas. Gracias». Y todo lo que puede pensar Mary es: «Vaya, lo he entendido todo del revés».

Cuando te das cuenta de que no debes creer sin más lo que aparece en tu pantalla, ya puedes empezar a tomar medidas. Estás más preparado para enfrentarte a la siguiente situación; ahora ya sabes que siempre puedes parar y volver a evaluar tu reacción inicial. A continuación te ofrecemos un ejercicio que te ayudará a tomar conciencia de cómo filtras la realidad a través de tu pantalla de televisión mental.

Durante lo que queda de hoy y todo el día de mañana, imagina que tus ojos son una cámara. Tus orejas son micrófonos. Conviértete en el director de un documental. Imagina una voz de fondo que vaya comentado todo cuanto ves y oyes. Enfatiza los aspectos positivos o negativos de una escena. Cuando alguien te diga algo, imagina que ambos sois personajes de una película y piensa en respuestas que podrías dar, aparte de la que darías normalmente. Inventa posibles motivos por los que se rigen los demás, aparte de los motivos que tú crees que son los correctos. Haz un esfuerzo grande por ponerte en el lugar del otro.

Este ejercicio te sitúa a cierta distancia y modifica tu percepción de la realidad. Te ayuda a descubrir que hay muchas formas posibles de ver la realidad además de la que sueles utilizar. También debería hacerte ver lo automática y limitada que puede llegar a ser tu percepción habitual del mundo.

Las pantallas generan monstruos

La pantalla es una interpretación de la realidad: manipulas lo que ves y rechazas lo positivo o lo negativo. Tus percepciones se basan en lo que esperas ver y en lo que has visto anteriormente.

A veces, tu inseguridad puede apoderarse de los filtros convirtiendo a cualquier persona en un monstruo. Determinadas situaciones provocan interpretaciones más sesgadas que otras. Cuando te sientes incómodo o inseguro, los encuentros de la vida cotidiana pueden parecerte ataques velados. Puedes convertir a un amable e inocente desconocido en un monstruo.

Leah, por ejemplo, asistió a la inauguración de la exposición de arte de su novio en una galería de lujo del centro. Se sentía un poco tensa porque anticipaba incomprensibles conversaciones sobre arte. Aunque se sentía segura acerca de su carrera profesional como trabajadora social, los compañeros artistas de Bob disparaban su alarma contra monstruos; de repente, toda persona se convertía en un posible atacante que pretendía hacerla sentir estúpida. A Leah no le gustaba sentirse así, pero cuando sus inseguridades tomaban el mando estaba completamente a su merced.

Nada más llegar se le acercó una mujer de 1,8 metros de altura vestida de negro de la cabeza a los pies, le tiró a la cara el humo de un cigarrillo europeo de importación y preguntó: «¿Qué te trae por aquí?».

Delante de esa torre de sofisticación que la miraba con malicia desde tan arriba, la pobre Leah se sintió como una pueblerina disfrazada por una noche con un traje de última moda. Sin pensarlo un instante, espetó: «He venido por estos bonitos cuadros, ¿y a ti qué?». Al ver la expresión de sorpresa de la mujer, Leah sintió como le subían los colores a la cara. El monstruo en que había convertido a esa mujer se evaporó inmediatamente. Ahora no era más que una persona buscando un poco de conversación. La mujer retrocedió poco a poco y se disculpó diciendo: «Ah, bueno, ya veo. Ha sido un placer conocerte».

Casi todos hemos vivido en carne propia meteduras de pata por el estilo. Nadie se siente seguro y confiado en toda situación. Sin embargo, cuando te sientes así, deberías intentar reconsiderar la realidad que percibes a través de tu pantalla mental. Suele ser fácil detectar cuándo las inseguridades dictan tus sentimientos, porque entonces sientes miedo, tienes el estómago tenso, respiras de manera entrecortada y te flaquean las rodillas.

Cuando estés en casa, a salvo de atacantes, visualiza una escena en la que sabes que te sentirías inseguro. Imagina que tienes todo el cuerpo en tensión al mirar a tu alrededor en busca de posibles monstruos. Luego pregúntate: «¿Mis sentimientos en este momento están relacionados con la realidad?». Imagina a alguien en esa escena que te hace una pregunta simple: «¿Qué te trae por aquí?», «¿Con qué te ganas la vida?». ¿Te sientes angustiado sólo con imaginarlo? Si es así, puedes estar seguro de que esperas que cualquier persona sea un monstruo.

Responde a los juicios de los demás

Cuando los demás te juzguen, debes preguntarte: «¿Qué perciben de mí? ¿Tiene alguna relación con la realidad? ¿Qué ven en su pantalla?». Recuerda que todo el mundo interpreta la realidad a través de la pantalla de televisión de su imaginación. Si alguien te critica, se muestra crítico con el contenido de su pantalla, no con la realidad. No tiene relación directa contigo. Sin embargo, es muy fácil olvidarlo y permitir que tu crítico interior esté de acuerdo con esa persona de manera automática. No te rindas a la primera señal de ataque.

Existen básicamente dos tipos de crítica: destructiva y constructiva. Para responder con contundencia, antes necesitas determinar unas cuantas cosas. ¿Qué quiere el crítico? ¿Ayudarte o molestarte? Convendrá investigar un poco para conseguir definir su intención. Por ejemplo, si tu pareja te dice que la has abandonado, es preciso que pidas detalles específicos para que los dos sintonicéis el mismo canal en vuestras pantallas. Puedes preguntar: «¿En qué aspectos te has sentido abandonada? ¿Puedes ponerme algún ejemplo?». A medida que recopilas datos, podrás determinar la intención del crítico. Si descubres críticas precisas y válidas, reconócelas, discúlpate y desarrolla un plan para cambiar. Con eso basta.

Sin embargo, si lo que hace el crítico es desahogar alguna de sus frustraciones, que nada tienen que ver contigo, es preciso que te des cuenta de ello. Se trata entonces de una crítica destructiva que merece una respuesta contundente. En ese caso, puede que estés de acuerdo en parte, pero sólo en parte. Es como decirle a tu crítico: «Está bien, parte de lo que aparece en tu pantalla está también en la mía. Pero hay cosas que no». Esto es aseveración efectiva: rebates la crítica inexacta de alguien sin ponerte a la defensiva ni exacerbar los ánimos de nadie.

Por ejemplo, tu padre dice: «No puedo creerme que aceptaras el trabajo de redactor de la agencia no gubernamental. ¡Nunca conseguirás ganar dinero para mantenerte a ti ni a tu familia! ¿Qué harás dentro de diez años, cuando no tengas nada ahorrado y un trabajito de nada en una ONG izquierdista en tu currículum?». Respondes de la siguiente manera: «Sí, es cierto que esta organización no me va a dar un sueldo con el que llevar lo que tú consideras un estilo de vida cómodo y próspero. Pero creo en su causa».

Este tipo de respuesta contundente le dice a tu crítico: «Tal vez lleves razón, pero tengo la intención de ejercer mi derecho a opinar». Has aceptado esa crítica negativa y tu autoestima continúa intacta.

Recuerda un encuentro con alguna crítica que hayas recibido hace poco. ¿El crítico intentaba ayudarte o pretendía molestarte? ¿La crítica intentaba ser precisa y constructiva o era más bien incorrecta y destructiva? Para contestar estas preguntas es posible que te veas obligado ha investigar hecho por hecho. Intenta recordar cualquier detalle que indique si su intención era constructiva o destructiva.

Si la crítica parecía ser exacta, ¿la aceptaste? Si no era precisa, ¿la rebatiste? Reconstruye la escena en tu imaginación. Visualiza que te enfrentas a ella de una forma que ahora parece más productiva. Imagina que investigas para descubrir la intención de tu crítico y que luego respondes de manera acorde con lo que has descubierto. Si lo que te dijo tenía validez, recuerda que todo lo que necesitas es reconocerlo y disculparte, nada más.

Si la crítica era inexacta y destructiva, imagina que utilizas una respuesta contundente para controlar la confrontación. ¿Quién necesita críticas innecesarias? ¡Tú no!

Refléjate en las cualidades admirables de los demás

Sherry estudiaba la fiesta que tenía lugar a su alrededor mientras se hundía cada vez más con su bebida en el sofá. Caray, todos eran tan «guays», estaban tan llenos de vida, eran tan sociables. Por ahí estaba Mark, explicando chistes como de costumbre, haciendo reír a todo el mundo. Y Marsha, absorta en otra de sus conversaciones intelectuales con su compañero de clase, Roy. Paul se ocupaba gentilmente de que todo el mundo tuviese lo que necesitaba sin parecer un entrometido. Sarah iba provocando ataques de histerismo por doquier con otra de sus radicales opiniones sobre algún tema.

Sherry se sentía muy orgullosa de sus amigos: todos tenían un gran talento y una personalidad maravillosa. Echó otro largo trago a su ginebra con tónica y se hundió aún más en el sofá mientras se preguntaba por qué todas esas personas excepcionales eran amigas suyas. A su lado, no era más que del montón.

¿Te has sentido alguna vez igual que Sherry, contemplando a los amigos que admiras y preguntándote por qué se dignan a dirigirte la palabra? ¿Eres tímido con la gente que no conoces bien pero admiras? ¿Te muestras reacio a acercarte a ellos porque crees que a lo mejor no «estás a la altura»? ¿Nunca has pensado que tal vez ellos se sientan del mismo modo con respecto a ti? Si es así, prueba a hacer el siguiente ejercicio.

Haz una lista de cinco personas a quienes admires. Puede ser gente que conozcas en persona o personajes públicos. A continuación, enumera las cualidades que más aprecias de cada uno. A lo mejor se trata de su gran sentido del humor, tal vez de su vena creativa, su fuerte sentido de la responsabilidad, su mente lógica o su carácter justo. Quizá han tenido éxito en su carrera profesional, o puede que sean unos padres muy afectuosos. Los rasgos que enumeres pueden ser cualquier cosa que consideres admirable.

Ahora, mira con detenimiento las cualidades que has reunido de cada persona. ¿Cuáles son válidas también para ti? Piensa detenidamente antes de decidir. Recuerda que es muy sencillo observar las cualidades positivas de los demás pero olvidarte por completo de las que tú posees. Si te sirve de ayuda, finge ser tu mejor amigo. ¿Cuáles son las cualidades que tu mejor amigo vería en ti? ¿Eres un amigo leal? ¿Eres divertido? ¿Siempre logras salir adelante? Piensa con detenimiento y sé todo lo objetivo que puedas.

En último lugar, revisa las buenas cualidades que has reconocido como tuyas y piensa en el último episodio en que cada una de ellas se hizo patente. Mientras haces memoria, concédete tiempo para reconocer tus cualidades. Recuerda cuál fue la reacción de los demás ante esa cualidad que posees, recuerda cómo te sentías haciendo gala de esa cualidad. Disfruta con esos recuerdos.

Aprende a no ser crítico

Los juicios patológicos son ponzoñosos. Causan el mismo efecto que si vertieras ácido sobre un ramo de rosas o si te bebieras una gaseosa con unas cuantas gotas de arsénico. Los juicios patológicos se basan en la creencia de que las cosas son esencialmente malas o buenas, blancas o negras. Son venenosos porque cada uno de los juicios absolutos que aplicas a tus amigos, a tu amante o a alguien sobre quien has leído algo en el periódico, regresan para perseguirte. Lo paradójico del caso es que los severos valores por los que te riges influyen poco en los demás y a ti te destrozan, ya que es imposible mantenerse siempre a la altura de tan altos ideales.

Susan, por ejemplo, trabajaba con una mujer que se llamaba Uma, y no aprobaba nada de lo que hacía. Uma era bonita, divertida, coqueta y estaba casada. Susan era atractiva e inteligente y también estaba casada, pero se sentía superior por su capacidad de no mostrar ningún tipo de atracción sexual por nadie que no fuese su increíble marido, Bob. Susan observaba cada mañana a Uma, la veía llegar a la oficina vestida con una falda por encima de la rodilla o con una blusa demasiado ajustada. Susan torcía los labios y pensaba: «Uma es una desvergonzada. Lo siento por su pobre marido. Me pregunto si sabrá con qué clase de mujer está casado».

Uma, por otra parte, le sonreía todas las mañanas y le preguntaba por Bob o cómo le iba en el trabajo. A pesar de que siempre recibía la misma respuesta tibia, no daba muestras de sentirse afectada. Cada día, al volver a casa, Susan le explicaba a Bob lo que Uma había llevado puesto ese día o el largo rato que había pasado charlando con un compañero de trabajo en la fuente del agua, pero olvidaba mencionar que en la fuente del agua Uma hablaba prácticamente con todo el mundo.

Un buen día, la compañía en la que trabajaba Susan contrató a un hombre llamado Tony, a quien empezó a gustarle ella. También estaba casado, pero aún así creía que Susan era divertida e interesante. A los dos les gustaba jugar a los bolos y las monedas antiguas. Él sentía una admiración inofensiva y platónica por Susan, pero ella se sentía incómoda cuando le preguntaba qué iba a hacer en la hora de la comida. Cuando Susan se descubrió a sí misma preguntándose qué hacía Tony en la hora de la comida, se sintió fatal.

Los ideales exageradamente altos que había aplicado a los demás le hacían pensar ahora que también ella era una «desvergonzada», sólo porque le gustaba un hombre de la oficina. Susan se sentía culpable, como si de algún modo estuviese haciéndole daño a Bob por mostrarse amable con Tony. Su actitud hacia él se volvió cada vez más fría, hasta que al cabo de un tiempo dejó de preguntarle si había visto el torneo que habían dado por la tele o qué iba a hacer a la hora de comer.

Susan no se daba cuenta de que las elecciones personales se basan en las necesidades y los gustos, no en la moralidad. Puedes evitar tener esta visión del mundo si aprender a ser consciente de que todos escogemos el mayor bien que percibimos. A continuación tienes un par de cosas que puedes hacer para desarrollar una actitud que no sea crítica:

1. Intenta leer el periódico sin emitir un solo juicio sobre los comportamientos descritos en los artículos. Toma la postura (aunque no la creas por completo) de que cada persona escoge el mayor bien basándose en su conocimiento de la situación en que se encuentra.

2. Cuando veas a alguien que lleva una ropa o un peinado poco atractivos, o cuyo aspecto físico no coincide con tus gustos, practica el siguiente mantra: «No es culpable por las decisiones que haya tomado en cuanto a su aspecto».

Aprende a sentir empatía

Walter y su amigo Jeff emergen a la luz del sol después de haber visto el nuevo estreno cinematográfico del verano, *El gran abismo*. A Jeff le ha encantado: el meteorito, los monstruos, la bella protagonista, todo. Por desgracia, Walter no puede decir lo mismo y parece que el gran abismo se abre ahora entre ellos dos.

Mientras Jeff sigue su camino ensalzando los fantásticos efectos especiales, Walter se encuentra juzgando los gustos cinematográficos de Jeff... y al mismo Jeff. En su condena, Walter también encuentra algo duro que decir de sí mismo. Al fin y al cabo Jeff es su amigo. ¿Qué dice eso acerca de su gusto a la hora de elegir compañía?

Walter padece una falta de empatía, que no es más que el intento por comprender sinceramente los sentimientos de los demás. ¿Por qué, en lugar de cerrar su mente a los sentimientos de Jeff, no deja de lado los juicios e intenta entenderle? Con un poco de empatía, Walter podría llegar a la conclusión de que Jeff tiene buenas razones para disfrutar de lo que le gusta. Sería entonces libre de respetar sus diferencias sin condenarle a él ni condenarse a sí mismo. Además, podría incluso disfrutar de ir al cine con Jeff de nuevo.

El siguiente ejercicio propone un método sencillo y no agresivo de practicar la virtud esencial de la empatía (crucial en el desarrollo de la compasión tanto por ti como por los demás). Todo lo que necesitas en este ejercicio es una silla, un televisor y una mente abierta.

Enciende el televisor y sintoniza un canal donde emitan un programa que detestas, algo que en circunstancias normales no verías ni borracho (no te preocupes, puedes correr las cortinas para que los vecinos no te vean).

Mira y escucha con atención. Cada vez que te sientas molesto, asqueado, aburrido o avergonzado, intenta dejar a un lado tus propios sentimientos y concentrar toda tu atención en el programa. Di para tus adentros: «Me doy cuenta de lo mucho que me molesta esto. Está bien, pero no es lo que me interesa en este momento. Puedo dejar de lado esa molestia y limitarme a observar sin juzgar».

Cancela tus juicios de valor durante un rato e imagina por qué los fieles telespectadores del programa lo siguen cada día. ¿Qué obtienen de él? ¿Lo miran para encontrar emoción, ilustración, huida? Intenta entender las características atractivas del programa y a qué clase de persona le gusta.

Cuando ya tengas buena idea de qué es lo que hace que el programa resulte fascinante para algunos (cuando hayas llegado a una comprensión empática), cambia el canal e inténtalo de nuevo. Recuerda que no tienes que aprobar o desaprobar lo que estás viendo; tan sólo intenta verlo de forma clara y entender su atractivo.

El objetivo de este ejercicio no es ampliar tus gustos televisivos, ni corromperlos. Su propósito es darte una oportunidad segura y no violenta para que dejes a un lado los juicios instantáneos e intentes comprender un punto de vista que normalmente rechazarías de inmediato. Pruébalo al menos una vez; tal vez luego te apetezca llamar a tu amigo para ir a ver una película.

Deja el hábito de juzgar

Algunos padres se muestran tan críticos que sus hijos crecen convencidos de que son malos e indignos. Las bofetadas emocionales de cada día se suman al sentimiento de que en ti hay algo malo. Si tu familia era de este tipo, sabrás que esos sentimientos no desaparecen cuando por fin consigues escapar para vivir tu propia vida.

Continúas sintiendo que eres malo y que algo pasa contigo. En tu interior hay una voz que te ataca de continuo, igual que lo hacían tus padres. Es como si te hubieses llevado contigo sus juicios, una negra herencia de tu infancia en familia. El hábito de atacarte procede de la misma creencia que tenían tus padres: que los castigos emocionales corregirán tus defectos, castigarán tus pecados y te moldearán hasta convertirte en mejor persona. Pero no funcionaba entonces y continúa sin funcionar ahora. Lo único que consigues es dañar la autoestima.

Paradójicamente, los ataques a tu persona nacen de una esperanza: la esperanza de que todo lo que detestas en ti puede corregirse y tomar una forma ideal. Con tu nuevo yo perfeccionado, la antigua sensación de ser malo y de tener algo defectuoso se curará por fin. Esta esperanza puede llegar a ser adictiva. Cada ataque contra tu persona mantiene la promesa de hacerte más aceptable a tus propios ojos. Es muy difícil no hacerlo, porque si dejas de atacarte parece que pierdes tu única oportunidad de llegar a sentirte valioso.

Sin embargo, al examinar tus experiencias con detenimiento, te darás cuenta de que eso no es cierto. Los juicios sólo consiguen derrumbarte. Ni una sola vez han conseguido que te sintieras un poco mejor contigo mismo. Es preciso que dejes el hábito de juzgar. Realiza los siguientes ejercicios, que te ayudarán a abstenerte de atacarte.

De forma irónica, el primer paso para superar los ataques contra tu propia persona es modificar la pauta con que juzgas a los demás. Durante la próxima semana, escucha las noticias de la radio sin emitir ningún tipo de juicio sobre los comportamientos que se describen en los reportajes. Convéncete de que todo el mundo actúa lo mejor que puede, teniendo en cuenta sus miedos, necesidades, capacidades, dolor e historia personal.

Continúa trabajando en la tentación de juzgar a los demás y llama por teléfono a algún familiar cuyas opiniones a menudo te sacan de quicio. A lo largo de la conversación, intenta mantener una actitud no crítica. Abstente de juzgar como verdadero o falso, bueno o malo nada de lo que diga.

Evoca una escena pasada en la que te sentiste mal contigo mismo. Revive cada uno de los momentos de aquel episodio. Imagina la acción, escucha los diálogos. Pero, esta vez, experimenta lo acontecido sin juicios. Ten presente que tus necesidades, tus miedos, tus habilidades, tu dolor y tu historia personal conformaron las decisiones que tomaste. Date cuenta de que en aquel momento hiciste todo cuanto pudiste. Repite este ejercicio por lo menos con otros tres recuerdos.

La tiranía del «debería»

Alice era una mala madre. O por lo menos eso pensaba ella aquel viernes por la tarde en el trabajo. Mientras estaba en la reunión semanal de personal y presentaba la exposición que había preparado durante toda la semana, lo único en lo que podía pensar era en que había defraudado a su hijo, Sammy, al no haber ido esa tarde a la obra del colegio. Pensaba: «¿Pero qué clase de madre se perdería a su hijo protagonizando la obra de final de curso? Una mala madre, ese tipo de madre».

Alice sufre la presión del «debería». Está convencida de que una buena madre *debería* asistir a todas las funciones del colegio de sus hijos, fuera como fuese. Siente que al anteponer su trabajo a Sammy evade su responsabilidad, así que al verse obligada a perderse la obra por ir al trabajo, la culpabilidad la destroza. No importa que le preparase a Sammy una gran fiesta de cumpleaños el fin de semana anterior, o que hubiese asistido a prácticamente todos los acontecimientos de su escuela, ni siquiera que el padre de Sammy hubiese estado allí. Estaba convencida de que haberse perdido esa función significaba que era una mala madre.

Tal vez también tú te riges por una lista de «debería» que dictan cómo *deberías* comportarte. No hay forma de vivir a la altura de todos esos «debería». Cuando eso ocurre, no desaprovechas la oportunidad para castigarte y convencerte de que estás equivocado y eres malo o débil, y te torturas con ese sentimiento de culpabilidad.

Casi todos llevamos una lista de «debería» en nuestro interior y los utilizamos como obstáculos imposibles que nos vemos obligados a superar cada día. Mucha gente ni siquiera sabe con exactitud cuáles son sus «debería», o si tienen algún tipo de sentido en su vida. Más adelante encontrarás una lista con los «debería» patológicos más frecuentes. Considera cada uno con mucha atención y marca con una cruz todos los que creas que se pueden aplicar a tu persona.

   __ Debería ser la personificación de la generosidad y el desinterés.

   __ Debería ser el amante, compañero, trabajador, amigo, padre, profesor, etc., perfecto.

   __ Debería ser capaz de superar todas las dificultades con entereza y un sentimiento de equilibrio.

   __ Debería ser capaz de encontrar rápida solución a todos los problemas.

   __ Nunca debería sentirme herido. Siempre debería estar feliz y calmado.

   __ Debería ser totalmente competente.

   __ Debería conocer, prever y comprenderlo todo.

   __ Nunca debería sentir ciertas emociones, como la ira o los celos.

   __ Debería querer a todos mis hijos por igual.

   __ Nunca debería equivocarme.

   __ Mis sentimientos deberían ser constantes; una vez siento amor, siempre debería sentir ese amor.

   __ Debería ser totalmente independiente.

   __ Nunca debería sentirme cansado ni enfermo.

___ Nunca debería tener miedo.

___ Debería conseguir grandes logros que me diesen posi
ción, riqueza y poder.

___ Siempre debería estar ocupado en algo; relajarse es
una pérdida perder tiempo y vida.

___ Siempre debería anteponer a los demás; es mejor sen
tir dolor que causar dolor a otra persona.

___ Debería ser amable indefectiblemente.

___ Nunca debería sentirme atraído sexualmente por

_____.

___ Debería preocuparme por todo aquel que se preocupa
por mí.

___ Debería conseguir el dinero suficiente para que mi fa
milia pudiese permitirse _____.

___ Debería ser capaz de proteger a mis hijos de todo dolor.

___ No debería dedicar tanto tiempo a mis placeres personales.

Una vez hayas repasado la lista y hayas marcado las en-
tradas que corresponda, ya estarás preparado para pasar al si-
guiente ejercicio: sustituir los «debería» por valores mucho
más sanos.

Valores sanos contra valores insanos

Tus creencias, tus valores y tus «debería» te ayudan a definirte como persona y a comprender quién eres. Sin embargo, ¿de dónde proceden esas creencias, esos valores y esos «debería»?

La mayoría de las creencias se forman como respuesta a alguna necesidad básica del ser humano; la necesidad de ser aceptado, amado, consolado o sustentado. Tus primeras creencias nacieron de la necesidad de que tus padres te aceptaran. Para conseguir sentirte seguro y protegido, adoptaste las creencias de tus padres sobre el trabajo; cómo canalizar a la ira, los errores y el dolor; de lo que se puede y de lo que no se puede hablar; cuáles son las metas correctas que debe uno marcarse en la vida; qué se les debe a los padres y demás miembros de la familia; y hasta qué punto una persona debería ser independiente. Muchas de estas creencias fueron probablemente infundidas mediante palabras con mucha carga de significado como «compromiso», «inteligencia» o «fuerza». Tus padres te dirigían esas palabras (o sus opuestos negativos) a ti o a otras personas que cumplían o incumplían ciertas normas específicas. Debido a la necesidad de complacer a tus padres, tendías a aceptar su opinión respecto a los demás, y en especial su visión y consecuentes juicios sobre ti.

Un segundo grupo de creencias procede de la necesidad de sentirte parte de un grupo o de recibir la aprobación de los demás. Para asegurarte de que consigues la aceptación que necesitas, aprendes a vivir según las reglas y las creencias del grupo al que perteneces; reglas acerca de cómo comportarte con tu pareja amorosa, cómo hacer frente a las agresiones y la ira, cuánto revelar de ti mismo, cuál es la actitud adecuada frente al sexo.

La tercera fuerza mayor que ayuda a conformar tus creencias es la necesidad de alcanzar el bienestar físico y emocional. Aquí se agrupan unas necesidades entre las que se encuentra la necesidad de tener una buena autoestima; la necesidad de protegerte del daño y la pérdida; la necesidad de encontrar placer, sentimientos o significado; y la necesidad de sentirte físicamente seguro.

Ésas son algunas de las necesidades que te ayudaron a formar las creencias, los valores y los «debería» por los que riges tu vida. Sin embargo, es posible que a veces te encuentres funcionando según creencias que ya no se ajustan a la vida que llevas en este momento. Puede que te estés limitando con unas creencias que desarrollaste en respuesta a unas necesidades que ya no existen (como la necesidad de recibir la protección de tus padres). Esas reglas y esas creencias ya no son apropiadas y pueden dañar tu sentimiento de valía personal.

La buena noticia es que siempre estás a tiempo de revisar tus creencias, reglas y valores, y de cambiarlos si es necesario. Los siguientes criterios pueden ayudarte a decidir si tus valores son apropiados para la vida que llevas en la actualidad.

Los valores sanos son flexibles, mientras que los valores insanos son muy rígidos y a menudo les acompañan palabras como «nunca», «siempre», «todos» y «perfectamente». Las reglas flexibles dejan lugar para excepciones, mientras que las reglas insanas son inflexibles y se aplican de forma universal.

Las reglas flexibles cuentan con la conciencia adquirida de que un cierto porcentaje de las ocasiones no conseguirás llegar al nivel óptimo e ideal.

Los valores sanos nacen de dentro en lugar de introyectarse. *Poseer* una creencia o un «debería» significa que lo has examinado de forma crítica y crees que continúa teniendo sentido. Una *creencia introyecta* es aquella que has recibido de tus padres sin acabar de determinar si se ajusta bien a tu personalidad, tus circunstancias y tus necesidades, que son únicas.

Los valores sanos son positivos. Una regla o un valor positivos fomentan comportamientos que desembocan en resultados positivos. Te animarán ha emprender cosas que a largo plazo resultarán en la felicidad de todas las personas involucradas.

Los valores sanos amplían los horizontes de la vida en lugar de limitarlos, lo que quiere decir que las normas por las que te riges deben tener en consideración tus necesidades básicas como ser humano. Los valores que amplían horizontes te empujan a hacer aquello que es enriquecedor y positivo, excepto en situaciones en que las consecuencias a largo plazo sean dolorosas para ti y para otras personas.

Después de haber leído los criterios de los valores sanos contra los valores insanos, regresa a la lista de «debería» que has marcado en el ejercicio anterior («La tiranía del "debería"») y evalúa los puntos marcados con una cruz. ¿Tus «debería» son flexibles, propios y realistas? ¿Te abren nuevos horizontes?

Causa y efecto en la autoestima

Según los psicólogos del desarrollo, si tuviste unos padres críticos, negligentes u ofensivos, es probable que comenzases tu vida con una autoestima baja. Sin embargo, al cumplir los cuatro o cinco años, entra en juego otro factor que determina tu sentimiento de valía personal de adulto.

Los científicos sociales han debatido acerca de la causa y el efecto durante años. ¿Un buen resultado académico aumenta la autoestima, o una autoestima alta lleva a un buen resultado académico? ¿Una alta posición en la escala social induce un alto sentimiento de valía personal, o el alto sentimiento de valía personal te ayuda a llegar muy arriba en la escala social?

Estas clásicas preguntas de causa-efecto (¿el huevo o la gallina?) olvidan el aspecto más importante: los hechos de tu vida no determinan cómo te sientes contigo mismo. Se trata más bien de qué hechos escoges recordar y creer. Por ejemplo, si te miras al espejo y piensas: «¡Qué gordo estoy! ¡Soy un dejado!», conseguirás darle una paliza a tu autoestima. Por otro lado, le darás un buen empujón si al mirarte al espejo lo que piensas es: «¡Tengo el pelo estupendo!». El mismo espejo, la misma persona, los mismos hechos: un pensamiento diferente.

La clave para levantar tu autoestima es en realidad muy simple: cambiar la forma en que te sientes contigo mismo cambiando la forma en la que piensas sobre ti mismo. Que sea simple no significa que sea fácil ni rápido. No se pueden cambiar los hábitos de pensamiento de toda una vida en el tiempo que se tarda en leer esta página. Pero puedes ponerte manos a la obra de inmediato.

Piensa en una persona famosa a la que admires. Escribe en un papel tres aspectos de la vida de esa persona que asocias con una autoestima alta. Por ejemplo, si escoges a una estrella del mundo del cine, podrías escribir que es muy guapa, divertida y de espíritu libre. A continuación escribe otros tres rasgos que asocies con una autoestima baja. Esta vez a lo mejor te resulta más difícil. ¿Qué sabes de la vida de esa persona que te indique que no todo es un lecho de rosas? Las estrellas de cine pueden ser atractivas, pero al parecer pasan por quirófano regularmente y se someten a cirugía plástica para conservar su belleza. Tal vez sean divertidas pero también suelen tener problemas con las drogas. Su libertad de espíritu las ha hecho pasar por varios fracasos matrimoniales porque parece que no son capaces de sentar cabeza.

Repite este mismo ejercicio confeccionando una lista con tres rasgos positivos y tres rasgos negativos de un amigo tuyo. Es probable que esta vez te resulte más sencillo, ya que conoces más cosas acerca de la vida de tus amigos. Por último, inténtalo contigo mismo. Elige tres rasgos de tu vida que te hagan sentir bien con tu persona y tres rasgos que hagan disminuir tu autoestima.

Este ejercicio te enseña lo fácil que es modificar tus reacciones y tus sentimientos sobre cualquier persona; tan sólo se trata de enfocar un conjunto distinto de características.

La visualización de las metas

Marcarte metas y alcanzarlas puede significar un gran estímulo para la autoestima. La visualización es una de las armas más poderosas para clarificar cuáles son tus metas y crear expectativas de alcanzarlas. Puedes redefinir tu imagen y llevar a cabo importantes cambios en tu vida mediante pasos tan sencillos como dejar que tu cuerpo se relaje, eliminar cualquier tipo de distracción de tu mente e imaginar escenas positivas.

Empieza por algo muy simple: escoge todas esas metas de la vida diaria que no has alcanzado y con las que sueles castigarte, como hacer un mínimo de deporte cada semana, organizar todas las facturas, escribir alguna carta importante, etc. Esto resulta mucho más efectivo que visualizarte saliendo victorioso de una hazaña grandiosa o ganando dinero a mares dentro de veinte años.

Por ejemplo, supón que tu meta es levantarte por la mañana habiendo descansado bien toda la noche y llegar puntual al trabajo todos los días. Siéntate o túmbate en un lugar tranquilo y realiza tu ejercicio de relajación preferido. Cuando hayas alcanzado un estado mental lo bastante sugestionable, imagina la siguiente escena:

En primer lugar, imagina que te metes en la cama a una hora razonable la noche anterior, tal vez lees un rato y el sueño te arrastra poco a poco. Luego suena el despertador. Has descansado bien y lo apagas del todo, evitando la tentación de hacer que suene dentro de otros cinco minutos. Enseguida te levantas de la cama, estiras los brazos por encima de la cabeza para desperezarte, y expiras profundamente una vez.

Haz todo lo que haces todos los días. Imagina que te duchas y tómate tu tiempo para sentir lo estimulante que es el agua. Sales de la ducha, te secas y te vistes con la ropa más cómoda que tengas para ir a trabajar, telas finas de algodón, calcetines tupidos y tu jersey preferido. Después de haberte vestido, te preparas un desayuno saludable. Por último, coges el maletín o la bolsa, que ya habías dejado preparado la noche anterior, y sales de casa con tiempo de sobra para llegar puntual adonde sea que te dirijas. Imagina que el coche arranca a la primera, o que tomas el primer autobús en lugar del último, con el que normalmente llegas al otro lado de la ciudad unos cinco minutos tarde.

A lo largo de toda la escena, añade detalles que reflejen tu estado de relajación, tranquilidad y eficiencia. Por ejemplo, busca las llaves y encuéntralas en el lugar exacto donde las dejaste al llegar a casa la noche anterior. Piensa: «Soy organizado y puntual».

Incluso puedes inventarte un par de obstáculos, como que suene el teléfono o que el repartidor del periódico venga a cobrar la cuota del mes. Visualiza cómo acabas pronto con la conversación telefónica o cómo le haces enseguida el cheque al chico de los periódicos. Piensa: «Puedo mantener la calma, seguir centrado y conseguir llegar a tiempo a la oficina».

Visualiza los resultados positivos que tiene el llegar pronto a la oficina. Aún tienes tiempo de tomar una taza de café o de té, sentarte y organizar el resto del día. Tus compañeros de trabajo se sienten bien contigo y se acercan a hacerte alguna pregunta sin preocuparse de si te están causando estrés. ¡Has empezado el día de maravilla!

Antes de dejar esta escena, di para tus adentros que realizarás esta secuencia desde esta misma noche, cuando llegues a casa. A continuación, cuando estés preparado, respira profundamente y abre los ojos.

Intenta imaginar otras escenas utilizando esta misma progresión. A lo mejor termina el plazo que tienes para entregar algo, debes archivar unos documentos o has enviado una solicitud a un trabajo que te gustaría conseguir. Recuerda que al principio tus metas deben ser sencillas y a corto plazo. El empuje que reciba tu autoestima al conseguir estas pequeñas metas te aportará la confianza necesaria para marcarte y conseguir metas mayores, a más largo plazo.

Matthew McKay, Doctor en Filosofía, es director clínico de los Servicios Psicológicos de Haight-Ashbury, además de tener una consulta privada en San Francisco. Está especializado en el tratamiento de la ansiedad y la depresión, y es coautor de doce conocidos libros entre los que se cuentan *Autoestima: evaluación y mejora, Técnicas de relajación diaria, The Relaxation & Stress Reduction Workbook, Venza su ira* (Robinbook) y *Couple Skills*.

Patrick Fanning es escritor profesional en el campo de la salud mental. Ha publicado *Visualización, autocuración y bienestar* (Robinbook), además de ser el coautor de ocho libros de autoayuda, entre los que podemos citar *Thoughts & Feelings, Mensajes: el libro de las técnicas de comunicación, Being a Man* y *The Addiction Workbook*.

Carol Honeychurch, Licenciada en Filosofía y Letras, trabaja como escritora freelance en el área de la bahía de San Francisco. Fue coautora de *After the Breakup*.

Catharine Sutker es escritora freelance y vive en la zona de la bahía de San Francisco.

Índice

La conexión cuerpo mente
Debbie Shapiro

Descubra el origen psicológico de sus dolencias y cómo hacer más sana su vida.

Este libro presenta una nueva y sorprendente investigación sobre la relación existente entre el cuerpo y la mente, que demuestra cómo las actitudes conflictivas, los temores y los sentimientos reprimidos pueden influir directamente en el organismo y su funcionamiento. Asimismo, explica cómo nuestros estados emocionales pueden favorecer todo tipo de enfermedades: la hipertensión arterial, las disfunciones cardíacas, los trastornos nerviosos..., e incluso el cáncer.

La autora nos muestra cómo, a través del descubrimiento y la comprensión de los mensajes que encierran los desórdenes físicos, podemos llegar a conocernos mejor a nosotros mismos.

La ley de tu éxito personal
Pierre Morency

¡Sé audaz! ¡Pide y conseguirás lo que desees!

«La gente que tiene éxito, actúa. A la que le gustaría tenerlo, reflexiona.» Después de leer esta frase entenderás que si realmente quieres cumplir tus deseos, debes tener la audacia de pedir.

Pierre Morency lleva más de veinte años realizando investigaciones científicas sobre el éxito y aquí propone mostrarnos el fruto de dichas investigaciones. Uniendo su formación de físico a una curiosidad insaciable, el autor pone en tela de juicio las evidencias con el fin de demostrar que el mundo no es tal y como lo concebimos.

Resiste y vencerás
Alain Samson

Cómo salir a flote de cualquier situación y trabajar con líneas emocionales positivas.
El autor nos revela las diez claves precisas para vivir más feliz: escuchar a tus sentimientos, identificar los temores injustificados, descubrir lo que te hace vibrar, saborear el presente o encontrar cualidades en las personas que nos rodean, son algunos ejemplos. Nadie se libra de pasar determinadas pruebas en la vida, ya sean pequeñas o grandes. Pero todo el mundo puede afrontarlas… y triunfar.

Venza sus obsesiones
Edna B. Foa y Reid Wilson

Un revolucionario programa de autoayuda para liberarse de su comportamiento obsesivo
Si se encuentra atormentado por pensamientos no deseados y perturbadores, o se siente compelido a proceder de acuerdo con pautas rígidas, tome medidas para reducir su angustia. Quizá usted sea una de los millones de personas que padecen el trastorno obsesivo-compulsivo (TOC).

Los síntomas de este trastorno pueden ser tan leves como dudar de haber desenchufado la plancha antes de salir de casa, o tan serios como experimentar la urgencia de lavarse las manos a todas horas. Pero cualquiera que sea su grado, el TOC resulta penoso e inquietante, y puede llegar a desorganizar la vida o malograr sus relaciones más importantes.

Piensa, siente, actúa
Elías Kateb

Aprende a vivir con plenitud cada momento.
Mindfulness (o el poder de la atención plena) es un estado o actitud vital. Se trata de una práctica milenaria que puede ayudarnos en las tareas que requieran concentración, a orientar nuestras decisiones, a descansar mejor, a fortalecernos y aliviar pequeños dolores y, en definitiva, a conocernos mejor.

Su práctica se ha extendido por todo el mundo como reguero de pólvora y consta de cuatro grandes fundamentos: la atención del cuerpo, la atención de los sentimientos, la atención del estado de la mente y el cultivo de la vida personal y cotidiana.

Rejuvenece tu cuerpo
E. J. y S. Blawyn con S. Jones

Una guía básica para rejuvenecer nuestro cuerpo.
¿Estás descontento con tu actual nivel de energía física y mental? ¿Te han desilusionado las habituales técnicas occidentales que tratan a tu cuerpo físico como si estuviera disociado de tu ser espiritual? Las técnicas y los ejercicios que presenta este libro, basados en el taoísmo, Tai Chi Chuan, Hatha Yoga, danzas sufís y de la cultura indígena norteamericana, te ayudarán a estimular toda tu fuerza vital.